Caite le Chéile

Caite le Chéile

Maria Ní Mhurchú

AN SAGART
An Daingean
2010

An Chéad Chló 2010

ISBN: 1-903896-56-8

Foras na Gaeilge

Foilsíodh an leabhar seo le tacaíocht airgid ó ó Fhoras na Gaeilge.

Cnuasach Drámaí

Tiomnaím an Leabhar seo
do m'athair baistí Jackie Dowd an chroí mhóir
ó Chnoc a' Bhróigín

Buíochas

Ba mhaith liom buíochas a ghabháil leo seo a leanas:

Seán Ó Morónaigh agus Proinsias Ó hOireachtaigh - An Comhlachas Náisiúnta Drámaíochta,
Liam Ó Mathúna – Stiúrthóir / Léiritheoir agus Siobhán Ní Chatháin,
Boscó Ó Conchúir agus Aisteoirí Bhréanainn,
Seán Mac Ardghail agus Lorcán Ó Riain [moltóirí Ghradam na hAmharclainne],
Áine Moynihan - Stiúrthóir / Léiritheoir & Amharclann AnnÓg,
Michelle Ní Bhéimis [aisteoir], Pádraig Ó Súilleabháin – [soilsiú],
Páidí Phaud O Muircheartaigh [aisteoir],
Cathal Póirtéir [RTÉ] Catherine Foley [The Irish Times] agus
Liam P. Ó Murchú a scríobh léirmheas fónta i Foinse.

Buíochas le Jack, Kate, Tom Ó Súilleabháin agus Ashling Ní Chonchúir, Mary O'Connell agus Emma Murphy.

Táim fíor-bhuíoch le Charoline Ní Lúing, Pure PR, dearthóir mo leabhair, agus na griangrafadóirí, Victor Horgan agus Treasa Murphy a thóg na pictiúir.

Go speisialta, caithfidh mé An tAthair Pádraig Ó Fiannachta a lua, a thugann gach cabhair agus spreagadh dom agus mé i mbun na scríbhneoireachta agus a choimisiún an leabhar seo le hurraíocht ó Fhoras na Gaeilge.

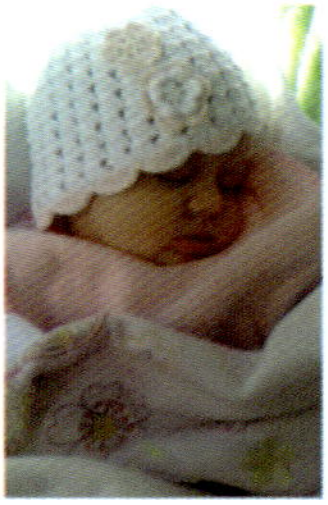

Cuirim fáilte roimh mo neachtanna Róise agus Jude a bhain taitneamh as an Dreoilín sa Daingean don chéad uair i mbliana agus a chuireann gliondar ar mo chroí agus gan amhras, ar deireadh thiar thall, mo chlann uilig go léir a thugann tacaíocht dom i gcónaí ó bhreacadh an lae go titim na hoíche agus solas na gealaí.

- Maria Ní Mhurchú 11ú Eanáir 2010
marianimhurchu@eircom.net www.marianimhurchu.com

Clár

Aisteoirí Bhréanainn, Corca Dhuibhne

Tá Aisteoirí Bhréanainn gníomhach i gCorca Dhuibhne ó hathbhunaíodh an cumann i 1972. Roimhe sin, sna caogaidí agus sna luathseascaidí, bhí an cumann an-ghníomhach faoi stiúir an Athar Uí Chíosáin. Tá cuimhní geala fós ag muintir na bParóistí in Iarthar Dhuibhneach ar na drámaí a léiríodh an t-am san i sean-Halla na Feothanaí. Drámaí ar nós *Na Baitsiléirí Suaite, An Lámh Uachtair*. Ach bhí an halla, a bhíodh acu dá léirithe, ag titim as a chéile. Dá bharr san, chaith An tAth. Ó Cíosáin a dhúthracht lena iarracht halla nua pobail a thógaint ar an bhFeothanaigh - gníomh gur éirigh leis a dhéanamh go slachtmhar, críochnúil, le cabhair mhuintir na bparóistí agus Roinn na Gaeltachta. Chinntigh sé go mbeadh stáitse oiriúnach, dea-fheistithe, le seomraí feistis agus córas maith soilse sa halla nua. Osclaíodh an halla i 1977. Cé go raibh Aisteoirí Bhréanainn bhunaithe ó 1972, thug an halla nuathógtha spreagadh ar leith don drámaíocht i gCorca Dhuibhne. Bhí stáitse oiriúnach anois ag an gcumann agus é mar áit oiriúnach d'Fhéilte Drámaíochta.

Ba iad Áine Ní Mhurchú ón mBaile Loisce agus Seán Ó Cathalláin (Johnny Neoiní) ón gCoimín a spreag daoine chun cumann drámaíochta a bhunú. Le cabhair agus spreagadh ó Sheán Ó Morónaigh, ón gComhairle Náisiúnta Drámaíochta, bunaíodh an cumann i 1972. Toisc gurbh é Johnny an príomhaisteoir a bhí ag an seanchumann drámaíochta agus taithí aige dá bharr, ba mhór mar a mhisnigh agus a spreag sé an cumann nua. Rud eile a chabhraigh leis an gcumann ná oscailt Theach Siamsa na Carraige mar a raibh ceol, rince, amhránaíocht agus mím á múineadh d'ógánaigh na dúthaí agus deis acu san a bheith páirteach i seonna gairmiúla ar stáitsí Shiamsa Tíre i dTrá Lí.

Is fada é an liosta de dhrámaí atá curtha ar stáitse ag an gcumann thar na blianta agus is faide fós liosta na n-aisteoirí a bhí rannpháirteach leis i rith na mblian san. Iad go léir mar chuid de thraidisiún láidir a théann i bhfad siar. D'éirigh go breá le hAisteoirí Bhréanainn ó bunaíodh an cumann mar go raibh stáitse oiriúnach acu, dúil riamh ag an bpobal áitiúil sa drámaíocht, daoine ar fáil dóibh a raibh féith na haisteoireachta iontu ó nádúir agus ógánaigh ar fáil a bhí oilte sa Teach Siamsa chomh maith le traidisiún láidir drámaíochta a bheith sna bunscoileanna. Ach, thar aon ní eile, bhí léiritheoir ar fáil a raibh fios a cheirde aige, eolas leathan aige ar na húdair is a gcuid saothair agus tuiscint aige ar na stíleanna éagsúla léiritheoireachta is aisteoireachta a bhí á gcleachtadh. Dob é sin Tomás Ó hÍcí, a bhí mar shagart paróiste i mBaile 'n Fheirtéaraigh ach atá anois ar a phinsean ann ó obair an pharóiste ach atá níos gníomhaí ná riamh i mbun drámaíochta. Faoina stiúir chuaigh an cumann i neart. Inniu, tá an t-ádh dearg le hAisteoirí Bhréanainn saineolas, scil agus taithí an Athar Ó hÍcí a bheith ar fáil dóibh. I rith na mblian, tá oideachas agus oiliúint curtha aige, ó thaobh na hamharclainne de, ar bhaill an chumainn a thug misneach do chuid díobh san tabhairt faoi ghairmeacha beatha i saol na craoltóireachta, na teilifíse agus na haisteoireachta. Tá réimse leathan de dhrámaí déanta aige leis an gcumann, stíleanna éagsúla léiritheoireachta is aisteoireachta triailte aige agus spreagadh tugtha aige don phobal a bheith rannpháirteach sa drámaíocht. Is scríbhneoir cumasach é. Drámaí, geamaireachtaí, sceitseanna is amhráin scríofa agus léirithe aige. Scil ar leith aige chun baill de chumann a chur ag scríobh a ndráma féin. Suim, chomh maith, aige i ndrámaí cáiliúla agus scríbhneoirí móra an domhain a chur ar stáitse i Halla na Feothanaí as Gaelainn; údair ar nós Moliere, Gogal, Wilder, Ayckbourn. Tá Aisteoirí Bhréanainn buíoch dó.

Táid buíoch, chomh maith, do Mharia Ní Mhurchú as cur leis an traidisiún drámaíochta agus liteartha atá i gCorca Dhuibhne. Tá drámaí léi léirithe sa cheantar cheana féin agus anois tá leabhar ina bhfuil trí dhráma léi á bhfoilsiú. Cuirimis fáilte roimhe sin. Go minic, tugann Maria ar thuras scanrúil sinn trí fhásach na haigne atá corraithe suaite. Is fearr sinn de bharr an turais sinn, is mó ár dtuiscint ar an duine agus is ionraice ár gcomhbhá. Gach rath uirthi agus ar a saothar.

Boscó Ó Conchúir

Drámaí Mharia Ní Mhurchú

Le Seán Mac Ardghail

Is é gnó an fhealsúnaí ciall intleachtúil ghinearálta a dhéanamh den saol, teoiricí a dhéanamh a sheasann go buan in eispéireas an tsaoil. Is é gnó an drámadóra a eispéireas sainiúil uathúil féin a scrúdú trí mhodh a ealaíne chun teacht ar fhíricí an tsaoil – fíricí nach n-éiríonn as an intleacht amháin ach as eispéireas intleachtúil, mothúil and fisiciúil an dramadóra féin. Ní raibh Shakespeare ina shiceolaí ach tá siceolaithe fós ag foghlaim ó na léargais a fuair sé ar an saol. Téann an "Oedipus Complex" ar ais go léargas Sophocles. Nocht Beckett mí-réasúnacht an tsaoil agus chur sé faoinár mbráid é i bhfad níos fearr ná mar a dhein Freud. Tá fadhbanna na hEaglaise cláraithe ag Tom Murphy i bhfad roimh dheacrachtaí na haoise seo. Ní féidir linn dráma le Noel Coward a fheiscint gan ionadh a bheith orainn chomh géarchúiseach is atá sé ar chúrsaí an tsaoil. Is iad na léargais a thugann sé dúinn ar an saol a chuireann sinn ag gáirí nuair a éistimid le Tommy Tiernan. Sin an fáth gur gá daoine mar é do shláinte aigne an phobail.

Má dhéanaimid scrúdú ar shaothar Mharia Ní Mhurchú i gcomhthéacs ghnó an drámadóra mar atá sé leagtha amach thuas conas a sheasann sí?

Ina réamhrá do "Imithe Le Gealaigh" sa leabhar seo inseann sí dúinn go raibh sí, ar feadh cuid mhaith dá saol, faoi scáth galar intinne agus ansin deir sí "Theastaigh uaim na mothúcháin agus na tuairimí agus na fadhbanna a bhí agam a léiriú do na gnáthdhaoine chun go dtuigfidís an meon aigne a ghabhann lena leithéid. Sin é an chúis a scríobhas an dráma seo." Feicfidh an léitheoir chomh cruinn is a comhlíonann sí na criteria sin a chuir sí roimpi féin. Níl an dráma éasca le léamh mar is deacair an pictiúr iomlán a aimsiú díreach toisc go bhfuil sí ag déanamh cur síos beacht ar an saol dícheillí a bhíonn ag duine ina cruachás. Ach is é a macántacht agus a díograis a bhronnann cumhacht ar a cuid scríbhneoireachta. Is mar gheall ar sin a théann a saothair i bhfeidhm ar an intleacht agus an croí.

Ach má léimid na drámaí atá scriofa aici ó shoin feicimid an fhorbairt atá tagtha ar a cuid ealaíne agus ar a cuid smaointe: iontu díríonn sí a fiosracht ar an saol thart-timpeall seachas ar a saol inmheánach féin: Sa dráma "Na Blípeanna" a craoladh at Raidió Na Gaeltachta ach nach bhfuil sa leabhar seo, pléann sí cás an óige san aois seo agus an tslí ina súnn siad isteach mar spúinsí luachanna na meáin chumarsáide cé nach ar a leas iad agus ar an tslí ina dteilgeann siad fantasaíocht na media ar a saol féin gan réamh-smaoineamh ar na torthaí. De réir Maria cónaíonn siad, i gan fhios dóibh féin, sna blípeanna a sháitear isteach chun na garbh-fhocail a scriosadh amach as na cláracha raidió. Dráma garbh is ea "Na Blípeanna" toisc go bhfuil an fhírinne garbh ach tá ceol na haoise seo ag rith tríd chomh maith le ceol an raidió.

Ina céad drama eile "An Préachán Bán" feicimid déagóir atá ar éalú ón scoil agus ag tabhairt réime dá fantasaíocht féin ionas gur feidir léi maireachtaint i ndomhan nach ndéanann ciall ar bith di, i gcóras oideachais nach bhfuil baint ar bith aige léi. Feicimid go bhfuil sí beagáinín "imithe le gealaigh" ach feicimid freisin nach bhfuil greim níos fearr ar fhírinne an tsaoil ag Páidí, déagóir eile a thagann uirthi, ná ag an múinteoir a thagann agus a imíonn agus a thagann ar ais mar Pozzo agus Lucky i nGodot. I ndeireadh na dála, i ndomhan atá imithe le gealaigh b'fhéidir go bhfuil an cailín níos mó i dtiúin leis an saol ná a lán de na daoine thart uirthi.

Is léir go bhfuil Maria, tar éis di a saol inmheánach a chur in iúl dá lucht féachana, ag iarraidh, sa dá dhráma deireanacha seo, a chur in iúl dúinn an tuiscint atá aici, tar éis a heispéiris féin, ar imeachtaí an phobail ina bhfuilimid. Tar éis ceisteanna siceolaíocta a phlé in "Imithe Le Gealaigh" díríonn sí a haire ar imeachtaí sóisialta agus fealsúnachta sa dá dhráma eile. Ach is ina ceathrú dráma "Reiltín" a feicimid go soiléir torthaí a turais trí na trí dhrámaí a phléitear thuas. In "Imithe Le Gealaigh," "Na Blípeanna" agus "An Préachán Bán" tá an carachtar lárnach brúite, corraithe, scaipthe ag an saol agus an raidió, stractha idir iad agus cúngú dualgasach na heaglaise agus a hoidhreachta. I "Réiltín" tá an príomhcharachtar Mary Murphy (caoch súile i dtreo an lucht féachana) ag éirí os cionn na gcodarsnacht sin. Cé go bhfuil sí ina cónaí i mbosca cáirtpháir ar thaobh na sráide i mBaile Átha Cliath, is cúis grinn é guth Dháithí Ó Sé ar an raidió, tagann Íosa Críost chuici i bhfoirm mná rialta soineanta a bhronnann oíche iontach in óstán cúig réalt uirthi agus tagann a hóige féin ar ais mar chailín álainn fileata ar mhaidí croise. I saol casta buartha na sráide tá saoirse fileata agus grinn ag éirí as ceo an tsaoil. Tré mheán a spioraid chróga féin tá Mary Murphy in ann a draíocht féin a dhéanamh chun teacht trasna ar an saol. Bhfuil normáltacht ag teacht chuig Mary Murphy? Ní bheidh Mary Murphy riamh normálach.

Ní hionann seo agus a rá gur dírbheathaisnéis atá i saothar Maria Ní Mhurchú. Tá níos mó ná sin ann: sna drámaí uile féachann sí ar an saol trí phriosm sainiúil a samhlaíochta féin agus léiríonn sí dúinn an saol mar a fheiceann sí é. Éisteann sí lena samhlaíocht, tá muinín aici as an tsamhlaíocht sin agus cuireann sí a torthaí ar an leathanach díreach mar a thagann siad chuici. Ní féidir le drámadóir níos mó ná sin a dhéanamh don phobal agus tá súil agam go mbeidh an pobal buíoch do Mharia as ucht na seirbhíse atá tugtha aice dóibh.

Fáilte roimh Mharia agus roimh na drámaí seo. Go n-éirí go mór le gaois agus eagnaíocht a samhlaíochta.

Bhronn an Comhlachas Náisiúnta Drámaíochta, Sparántacht **Ghradam na hAmharclainne ar Mharia** i Mí na Bealtaine 2004 ar son a dráma nuascríofa *Imithe le Gealaigh*, dráma aon uair a' chloig ar fhaid le haon bhean amháin ag caint. Bronnadh €1,500 euro uirthi, trophaí agus 500 euro do chomhairle an léiritheora.

Stáitsíodh *Imithe le Gealaigh* sa Díseart ar an 29ú / 30ú Deireadh Fómhair 2004 mar chuid de Fhéile na Samhna. Bhí tigh lán againn dhá oíche as a chéile. Ina dhiaidh sin, cuireadh an dráma ar siúl ar an bhFeothanaigh, san Aonach, i Lios Tuathail agus sa Granary i gCorcaigh mar chuid d'Fhéile na nOllscoileanna 2005. Léiríodh é i gCorcaigh don Oireachtas mar chuid de Cork, European City of Culture 2005 i Mí na Samhna 2005. Léiríodh é i gCloch na Coillte 2006.

Léiríodh *Imithe le Gealaigh* i mBaile Átha Cliath ar an 22ú, 23ú agus 24ú Méan Fómhair 2005 mar chuid den *Dublin Fringe Festival.* Bhí Amharclann Bewley's lán go doras don trí oíche. Fuair sé léirmheas ana-mhaith san Irish Times – 4 réalt ó Catherine Foley agus -léirmheas fónta ó Liam P. Ó Murchú i *Foinse*.

Craoladh *Imithe le Gealaigh* [58 nóimint] ar RTÉ Radió 1 mar chuid den Sunday Playhouse Dé Domhnaigh 20ú Samhain 2005.
[An nóta a chuireas isteach leis an ndráma, chun a mhíniú do na moltóirí an chúis gur scríobhas Imithe le Gealaigh]

A chara,

Ba mhaith liom cúlra a thabhairt duit ar an ndráma seo. Dúradh liom i 1988 go raibh an galar "skitzo - affective disorder" agam. Bhíos ag fulaingt leis an ngalar seo suas go dtí dhá bhliain ó shoin, sé sin go dtí 2001.

Theastaigh uaim na mothúcháin agus na tuairimí agus na fadhbanna a bhí agam a léiriú do na gnáthdhaoine chun go dtuigfidís an meon aigne a ghabhann lena leithéid. Sin é an chúis a scríobhas an dráma seo.

An litir a fuaireas ó dhuine dos na moltóirí, Seán Mac Ardail. B'é Lorcán O Riain an dara moltóir.

----- Original Message -----
From: John Mc Ardle
To: marianimhurchu@eircom.net
Sent: Sunday, May 23, 2004 10:38 AM
Subject: Citation don ghradam

Maria, A Chara,
Buíochas as ucht nn litreach a fuair mé inné.
Ag an Fhéile Náisiúnta mhínigh mé an córas ar dtús agus ansin d'inis mé don lucht féachana gur thugamar an gradam

duit leis an "citation" seo thíos. Níl nótaí agam don méid sin ach sé an citation a léigh mé ná:
Molaimid an saothar seo atá bunaithe ar eispiréas an údair féin agus a bhfuil spleodar cruthaíoch, maoin samhlaíochta agus rian na fírinne scáfaire ag baint leis. Tugann macántacht agus díograis an údair cumhacht don scríbhneoireacht agus téann sé go mór i bhfeidhm ar an intleacht agus ar an gcroí. Tá áthas orainn araon Sparántacht Ghradam Na hAmharclainne a bhronnadh ar Mharia Ní Mhurchú don script "Imithe Le Gealaigh".

Beidh mé ag súil leis an dráma a fheiscint ar an ardán.
Go n-éirí leat agus led shaothar,

Le gach dea-ghuí,

Seán.

Gradam na hAmharclainne

Bronnadh Sparántacht [€1500.00] agus trófaí faoin scéim Gradam na hAmharclainne ar Mharia Ní Mhurchú don dráma Imithe le Gealaigh. Trí Ghradam na hAmharclainne cuireann na moltóirí léirmheasanna ar fáil do dhrámaí nuascríofa agus bronntar gradam / sparántacht agus trófaí ar dhrámaí atá ar ardchaighdeán.

Aisteoirí na Tíre

Is baill de chumainn drámaíochta éagsúla ar fud na tire iad Aisteoirí na Tíre a thagann le chéile, faoi choimirce an Chomhlachas Náisiúnta Drámaíochta chun léirithe speisialta a dhéanamh.

Léiríodh Imithe le Gealaigh ag Aisteoirí na Tíre sa Díseart, An Daingean, Co. Chiarraí ar an Aoine 26ú agus ar an Satharn 27ú, Deireadh Fómhair 2004 ag a 8.00 pm.

Foireann an dráma

Ruth – Michelle Ní Bhéimis
Soilsiú – Proinsias Ó hOireachtaigh
Pádraig Ó Súilleabháin
Fuaim – Liam Ó Mathúna
Smidiú – Siobhán Ní Chatháin
Léiriú – Liam Ó Mathúna

Imithe le Gealaigh

Achoimre:

IS DÓIGH LE RUTH GO BHFUIL AN D.J. AG CAINT LÉI, AG CUMADH AMHRÁN DI AGUS TÁ SÍ I NGRÁ LEIS.

TÁ AN GUTH OS ARD IMITHE LE GEALAIGH ACH NÍL ÉINNE AG ÉISTEACHT LÉI ACH AMHÁIN ELVIS, AN CAT.

ACH TÁ A GUTH INMHÉANACH AG IARRAIDH Í A SHÁBHÁIL, AG IARRAIDH GO MBEADH SÍ "I GCEART" ARÍS, FÉ MAR A BHÍ SÍ SULAR BUAILEADH BREOITE Í.

Ruth: **I B&B sa Daingean**

Guth inmhéanach:
Ruth, Ruth, tá sé in am éirí, éirigh, éirigh…

Guth os ard:
Ó Dhia, tá'n ghráin dhearg agam ar an mbáisteach…canathaobh ná stopann sé…ó, stop, stop…STOP! Seacht a chlog agus gan éinne sa tigh nite fós. Dein wish…Stop a bháisteach…yerra, ní stopfaidh sé go deo. Cad a thugann cuairteoirí 'on Daingean leis an méid báistí a gheibhimid anso? N'fheadar sa diabhal…

IMÍONN AN tALARAM.

Agus ní fheadar cad ab áil liomsa don seana-dhiabhal clog san. Bím éirithe roimhe gach aon maidin…bhuel…nach mór…

BUAILEANN RUTH BUILE AR AN gCLOG AGUS STOPANN AN tALARAM.

Taispéain dom an scáthán san!

Mhuise, nílim ró-olc...d'fhéadfainn a bheith i bhfad níos a mheasa...1988... bhíos ag seasamh lasmuigh don Oasis... sin é an uair a thosnaigh sé...bhuail splanc mé...WHAM! BANG!...thiteas ar an spota...aliens ba chúis leis...ach ní haon alien mise...sea alien...bean is ea mé...beainín beag lách...ag lorg grá...deacair é a fháil, deirimse leat...

Guth inmhéanach:
Sea aliens! Is maith atá a fhios agatsa gurbh é Barry Lang a dhírigh ortsa way back in 1988. Bhí sé id' chatáil suas lasmuigh don Oasis; tá san fíor, alright, ach nuair a d'imís abhaile le Lord Mountcharles ...bhuel...ní raibh Barry bocht ró-shásta, go háirithe, nuair a dheinis béic air...so long sucker! No! Ní raibh Barry bocht sásta in aonchor.!!

Guth os ard:
Mirror, mirror, on the wall, who is... who is...the fair...God, féach ar do chraiceann...

Daichead a haon bliain d'aois agus féachann tú céad is a daichead a haon... mo ghraidhn tú. Ní fhéachfaidh éinne ortsa, a chroí...tánn tú ró-chríonna... old, fat and ugly...ach geobhaidh tú comálaí éigin, is dócha, i ndeireadh na dála...

Abair paidir duit fhéin, agus cuir uait...

O Blood and Water which gushed forth from the Heart of Jesus, as a font of Mercy for us, I trust in You.

Ó, tá súil agam go mbeidh lá deas agam inniu...Aingeal Cuideachta, féach anuas orm...impím ort...ó, a Aingil, chabhraís liom inné agus n'fheadar cad tá romham amach sa B&B seo inniu...ach bí liom... cén sórt daoine a thiocfaidh go dtí mo dhoras - an mbeidh éinne acu ait?

Guth inmhéanach:
Ní bheidh éinne acu chomh hait leatsa, Ruth, a chailín, cuirfidh mé geall leat! An gcíonn tú an fáinne san...Thug do Dhaid duit é. Chuiris ainm do chéad boyfriend isteach ann...comálaí...

botún…d'fhág sé ann tú…bhís cosúil le wallflower.…bhí sé sin caochta…agus bhís féin préachta! Dhein sé iarracht tú a phógadh ach thit sé…ach bhí dhá láimh aige…chun hug a thabhairt duit… bhí croí aige agus bhí croí agatsa uair amháin…cá bhfuil sé anois, a Ruth… cad a tharla dod' chroí…?

Guth os ard:
Níl aon aingeal ag tabhairt aire domsa… an diabhal san…sin eile a thagann chugam…im' chrá de ló is d'oíche. Bhíos ag rince leis aon oíche amháin, anso sa seomra, bhí coinneal lasta agam agus bhí an gheir ón gcoinneal cosúil le nathar nimhe, óóóóóhhhhh, thug sé na shivers dom.

Guth inmhéanach:
Yerra, tánn tú as do mheabhair, a chailín...

CLOISIMID RUTH AG GLANADH A FIACLA GO NIMHNEACH AGUS GO CROSTA SA SEOMRA FOLCTHA.

Guth os ard:

Gaibh amach. Gaibh amach as mo cheann, a chladhaire, a leibide, a…a… a…chomálaí…Táim os cionn daichead bliain d'aois, for God's sake…más dóigh leat go bhfuilim chun tusa a phósadh tá dul amú ort. Tar éis an méid atá tarlaithe…pósfadsa Prince Andrew nuair a thiocfaidh sé ag triall orm…ar a chapall bán…

CANANN RUTH DON CHAT:

Oh, won't you be my teddy bear…mo chroí go deo thú, a Elvis. Cuir cogar i gcluais an Fhir in Airde dom, más féidir…Elvis? Elvis? Cailleann tú? Elvis, a chaitín, a stór…

TOSNAÍONN AN CAT AG CRÓNÁN

Tá'n fear san as a mheabhair. Nílim ag caint fútsa, Elvis, a chaitín, ach le fear an raidió…an dj. Cad a chíonn an dj ionamsa…? Tom Dunne - freagair mé!

I GCOGAR:

Elvis, Elvis, is maith an rud ná fuil éinne timpeall chun mé a chlos, a chaitín, a chroí, nó bheinn curtha tharnais san asylum acu…fearaibh na gcótaí bána…tabhair dhá nóiméad dom agus tabharfaidh mé rud éigin lé n-ithe duit, a pheata.

Elvis:
Miaow.

TAGANN EAGLA AR RUTH RUD A THARLAÍONN GO MINIC DI GAN CHÚIS. TÁ SÍ SA CHISTIN. BEIREANN SÍ AR AN GCITEAL AGUS LÍONANN SÍ LE HUISCE É.

Bead alright liom fhéin…ná bead…a chaitín? Éist leis an dj. Ag cuimhneamh ar phósadh. Bhuel…a Tom Dunne… PÓS MAR SIN!!…ar son Dé pós agus ná cuir as mo mheabhair mé…

CANANN RUTH:

"You say love is a temple, love a higher law, Love is a temple, love the higher law,
You ask me to enter, but then you make me crawl…"

[U2]

Guth inmhéanach:
Tom Dunne! Ná bíse ag caitheamh anuas ar Tom Dunne. Tánn fear san ana-léannta, agus is dj breá é. Ní féidir leis tú a chlos, a Ruth…ar m'anam, ní féidir…

Guth os ard:
Ar m'anam gur féidir. Is é sin a bhí ag cabhrú liom na blianta fada seo, ag scríobh amhrán dom, ná fuil an ceart agam, a Tom?! Cripes! Fear breá is ea é, níl aon dabht agam fé sin.

Ní fhágfaidh tú mé…Ní féidir leat. Chuireas geasa ort fadó riamh, a chomálaí. Geasa an ghrá…lover-boy… bain díot an aghaidh fidil san, bain díot an aghaidh fidil ach fág ort do threabhsar …go fóill…!! Ní maith liom a bheith im' aonar…ach nílim im' aonar…ná fuil Tom Dunne agam!

Ó, mo cheann bocht.

Táim chun smidiríní a dhéanamh duit, a

raidió lofa.

Tom…Tom…tabhair aire dom. Thugais aire dom ó bhíos beag…tabhair aire dom anois…a Tom….gaibh mo leathscéal…níleann tú ach ag cabhrú liom…tugann tú na hamhráin domsa agus domsa amháin…deinim dearmad ar sin uaireanta…Shh! A' gCloise/?

TOSNAÍONN AN CITEAL AG FEADAÍL.

CANANN RUTH:

"is it getting better or do you feel the same,
will it make it easier on you now, you got someone to blame…you say…one love…one life, when it's one need, in the night"

Ghoid an bastard san Bono na focail uaim…mise ba cheart a bheith ag fáilt royalties an amhráin san…bastard! Teabags!

Agus ansan d'athraigh sé na focail, éist

leis na hamhráin, tá sé ag rá rudaí gránna fúm, tánn tigh bugged aige.

CUIREANN RUTH CUPÁN AR AN MBORD. DOIRTEANN SÍ UISCE ISTEACH SA CHUPÁN.

Guth inmhéanach:
Ná stopfá. Ná héisteofá liom. Ní tusa a chumann na hamhráin…nuair a tánn tú id' chodladh. Ní bhíonn tú ag labhairt os ard. Ní chloiseann an dj san tú ná Bono ach chomh beag. Déarfainn go rabhais ar do chaid ach amháin go bhfuileann tú ag dul chuig an AA.

Guth os ard:
Mo cheann…
Mo cheannín bocht… óh!

CANANN RUTH:

"Coming all the way to Reno…you may as well have kick me christened on your sleeve…you know who you are, your gonna be a star…you didn't have to go so far, you didn't have to go…"

[REM]

Elvis, a chaitín...pisch, pisch, cá bhfuileann tú? Anois cad a bheidh agam fhéin...Branflakes!

CUIREANN SÍ AN CEREAL ISTEACH I MBABHLA.

Cripes beidh mé ar an leithreas an chuid eile dem shaol! Bainne! Cá bhfuilir? Cá rabhas?

Guth inmhéanach:
Bhís ag caint leis an gcat, a óinseach.

Guth os ard:
Bhfuil a fhios agat cad duirt an Tom Dunne san liom??...give yourself a facelift... SMILE... smile... joker...ní thógaim aon cheann de, a Elvis...mo phiscín beag, mo chroí.

Guth inmhéanach:
Tá sé go léir cloiste agam!

CLOISTEAR RUTH AG GÁIRÍ. TARRAINGÍONN SÍ AMACH

CATHAOIR, SUÍONN SÍ SÍOS AGUS TARRAINGÍONN SÍ AN CHATHAOIR ISTEACH FÚITHI.

Tá sé furist do Tom Dunne é sin ará…ní gá féachaint ar a aghaidh san…only a face a mother could love…sin é an taobh go bhfuil sé ar an raidió…agus ní ar an teilifís…á, mar mhagadh atáim… mo ghrágeal!!

SLOGANN RUTH AN TÉ.

Guth inmhéanach:
Ah! That's Bass!

TÓGANN SÍ SLOG EILE. TÓGANN SÍ SPÚNÓG BRANFLAKES. TÁ A BÉAL LÁN AGUS Í AG RÁ AN CHÉAD PHARAGRAIF EILE…

Guth os ard:
Go the extra mile a déarfadh Tom Dunne liom…it's never crowded…agus dheineas. Agus nuair a thána chun deiridh, ní raibh aon deireadh leis… d'fhanas ag siúl…agus táim fós ag siúl…going that extra mile…

Guth inmhéanach:
Nach mór an trua é ná coimeádann tú do chlab dúnta agus tú ag dul an extra mile.

TÓGANN RUTH SLOG EILE.

DEINEANN RUTH BÉIC

Guth os ard:
To infinity …and beyond! Elvis! Seo duit! Kitty Kat!

Mise Lara Croft…sea mhuis!

Tá meas agam ort, a Tom, go háirithe ós rud é go dtugais spin do "St. Theresa of The Roses" dom.

CANANN RUTH:

"Did I disappoint you, or leave a bad taste in your mouth,
You act like you never had love,
And you want me to go without… well…it's too late…"

GLAONN AN FÓN. FAIGHEANN

RUTH PREAB. AR DEIREADH FREAGRAÍONN RUTH AN FÓN.

Guth os ard:
Cé tá ansan? Freagair mé. Tá's agam gur tusa atá ann. Freagair mé.

Guth inmhéanach:
Tom Dunne is dócha…ag rá go bhfuil cd buaite agat…

BUAILEANN SÍ AN FÓN AR AIS.

Guth os ard ag caint leis an gcat:
A Elvis, a phiscín lách, cad tá orm. Cad tá istigh ionam? Cad a thiomáineann mé? An dóigh leatsa go bhfuilim ait? Bhuel, sea, Elvis…an bhfuil aiteas ag baint liom…??

Guth inmhéanach:
My God! Ceapann sí anois gur Doctor Dolittle í…

Guth os ard:
Ach…níl ach duine amháin ag éisteacht leatsa, a Tom Dunne… Mise agus mise amháin…cé bhodarálfadh leat…ach…

ní scaoilfidh mé leat go deo.

TARRAINGÍONN RUTH AN CHATHAOIR AMACH ARÍS AGUS SUÍONN SÍ SÍOS.

Táim bréan do dhaoine ag cur isteach orm. Táim bréan don seana-B&B seo, a Dhia na Glóire, tóg amach as an diabhal tí seo mé. Ach…

TÓGANN RUTH SPÚNÓG EILE BRANFLAKES. TÁ A BÉAL LÁN AG RÁ AN CHÉAD PHARAGRAF EILE.

Ach…bead go breá, nuair a chanfaidh an bhean ramhar, A Elvis, …sin é a dúirt Tom Dunne liom…dúirt sé…it's over when the fat lady sings…!! Agus táim ag fanacht leis an fat lady ó shoin i leith!!

CLOISIMID RUTH AG AN SINK AG NÍ NA N-ÁRAISTÍ - GACH CLATTER AICI.

Guth os ard:

An dteastaíonn sé seo uait? …Tom

Dunne - m'eochair?…seo! tóg é!

Guth inmheánach:
Tomáisín mo chroí…
Guth os ard:
Ach…beidh password uait. Bhuel… cogar… vinegar is ea é don tseachtain seo…agus níl aon trácht ar an gCarghas…a thuilleadh ketchup led' thoil…cripes tá na chips seo fuar!

Is dócha go gcaithfidh mé an téiteoir a chur ar siúl sa tseomra bídh.

LIGEANN RUTH OSNA. OSCLAÍONN SÍ AN DORAS GO DTÍ AN SEOMRA BÍDH AGUS SIÚLANN SÍ ISTEACH.

TOSNAÍONN RUTH AG RÉITEACH AN BHOIRD. CUIREANN SÍ SCEANNA, FOIRC, SPÚNÓGA, CUPAÍ AGUS RL. AR AN MBORD.

Elvis: Miaow…

Guth os ard:
Elvis, gaibh amach..tapaidh…má chíonn

na cuairteoirí tú…Naomh Mícheál, cá bhfuileann tú, a stór? Tabhair aire dom, ná déanfair…suaimhneas…bheadh sé sin deas…cén t-am anois é? Yerra, tá sé luath fós…agus gan éinne éirithe sa tigh…cornflakes - check, branflakes don seana-lady…faigheann sí constipated… check…bainne, arán, té, check, check, check…déanta…éist leis seo!

Guth inmheánach:
An cuimhin leat an fear úd - an Sasanach…a tháinig isteach anseo ar a ceathair a chlog ar maidin…deireadh seachtaine na Ráiseanna…dhúisigh sé an tigh…ag lorg an Rover's Return… cheapais-se gurb é Tom Dunne a bhí ann…agus aghaidh fidil air…a leithéid do chac…dá mb'é Lá an Dreoilín é bheadh leithscéal éigint agat…chaith an Gearmánach glaoch ar na Gardaí ar deireadh…cé go raibh an tigh éirithe fén dtráth san! Dúirt sé leis na Gardaí go raibh sé ag fanacht sa Queen Vic. Thosnaigh Murphy ag gáirí…pantomime ceart a bhí ann…

CUIREANN RUTH AN BLOW-

HEATER AR SIÚL.
DEIR SÍ GO CIÚIN OS ARD

N'fheadar an bhfuil Ifreann chomh te agus a deirtear...??

ANSAN DEINEANN SÍ BÉIC.
Éist! Éistíg a deirim...Gaibh amach as mo cheann...amach as mo shaol...níl éinne sa tsaol seo gur féidir leo cabhrú liom...Tom...Tom...Tooooom??

Tá aithne agatsa orm...aithne agat orm níos mó ná mo chlann fhéin fiú... canathaobh ná beadh...scaoilim gach aon rún atá im' chroí istigh leat...is dóigh leat gur spéirbhean mé... deireann tú liom é arís is arís eile...ní bheadsa im' sheanabhean chríonna id' shúile-se... riamh...

TOSNAÍONN RUTH AG GÁIRÍ.

CANANN RUTH:

"Well it's too late tonight, to drag the past out into the night,
We're one, but we're not the same,

We get to carry each other, carry each other…"

Guth os ard:
Chuas amach inné i gcoinne mo thola agus bhuaileas leo go léir…na arrogants…an enemy…daoine…mór le rá…fé mar a thugaim orthu…I ngach áit… oh, bhí sé ar nós enema alright. Bhuaileas leis an mbean leis an ngadhar uafásach san…Dá gcífeá an look a thug sí dom…agus an gadhar thug sé sin look de shaghas éigin dom chomh maith…ní mór nár thairgíos cic air…actually, ní mór ná gur dheineas féin cac im' bhríste…fuckáil leat a dúirt an bhean liom…chuala í…ach bhí a béal dúnta aici…agus í á rá…

DEINEANN RUTH BÉIC OS ARD. FAIGHEANN ELVIS PREAB AGUS DEINEANN SÍ SCREAD.

Ó, mo bholg…!

RITHEANN RUTH ISTEACH SA LEITHREAS. DEIREANN SÍ GO SEARBHASACH

Na seana-Branflakes! Ahh! Ní hiad na Branflakes fé ndear é…táim breoite, breoite den saol seo, breoite den chogadh atá ar siúl im' cheann…Tommmmm… dj….

Guth inmheánach:
Éist liom, anois, Ruth a chailín, dúisigh suas. Táimse ag cur comhairle ort…níl aon dj i ngrá leatsa, agus níl aon webcam sa tigh seo agus níl aon bugs ná FBI ná faic eile ag féachaint ort ach oiread…

DEINEANN SÍ FLUSHING AR AN LEITHREAS AGUS NÍONN SÍ A LÁMHA.

Guth os ard:
Bailimh leat, Tom Dunne…nó! Fan! Cabhraigh liom. Bhuaileas le bean na gcaipíní agus thosnaigh sí ag eascainí orm. Cad a d'fhéadfainn a dhéanamh? Tom, cad a dhéanfaidh mé…caithfidh mé dul amach…canathaobh go bhfuil an ghráin dearg ar gach éinne orm…? Chríost, táim ag fáil brain haemorrhage. Tusa fé ndear é…ní shea… is…is…is… n'fheadar…is cuma…

Guth inmheánach:
Is cuimhin liomsa tusa…I 1988…bhí cairt stopaithe ag na soilse…d'oscalaís doras do ghluaisteáin…léimis isteach… away leat go dtí Cape Cod, arsa tusa leis an tiománaí! Ach bhí an chairt ag dul i dtreo an Daingin…sin plean a bhíodh agat…chun ná caithfeá díol as Taxi!! Ó, bhís ahead of the possé… nó an rabhais? Ní raibh aon ghá agat domsa an uair úd…deoch agus fearaibh…sin eile a bhí sa cheann agat agus anois… mo ghraidhn tú…n'fheadar cad a tharla duit…deoch…agus fearaibh?… b'fhéidir é…

Guth os ard:
Im' briathar go bhfuil sé in am do gach éinne a bheith éirithe faoin dtráth seo.

BEIREANN RUTH AR CHLOG MÓR TROM AGUS BUAILEANN SÍ É.

Éirigh! Éirigh, a deirim…! Cá rabhas? O yea! Bhí an chairt ag dul i dtreo na haille…d'osclaíos an doras agus chaitheas mé féin amach ar an mbóthar… tháinig na cops …ach …choimeádas mo bhéal dúnta. Ní rabhas ábalta é a oscailt pé scéal...mar chailleas cúpla fiacail!!

Guth inmheánach:
Ní féidir liom cur suas leis seo a thuilleadh...triomaigh na deora...dein dearmad ar an dj...téir amach go dtí an cinema nó go dtí an pub nó aon áit in aon chor ach faigh fear duit fhéin...léigh leabhar fiú amháin...ach cas amach an raidió, ar son Dé.

Guth os ard:
the silent voices are driving me crazy...
ach is maith liom tú dj....comprendez??

BUAILEANN RUTH AN CLOG MÓR ARÍS.

Trócaire, a Íosa, trócaire...tóg an Chros ar feadh tamaill, tóg mise...in airde ar do dhrom más féidir leat...nílim ábalta siúl a thuilleadh...táim tugtha...thugas stracfhéachaint ar website Tom Dunne agus tá rudaí gránna scríofa ann... fúmsa... dúirt sé gur scríobh sé amhráin dom toisc go rabhas ag caitheamh anuas air...Cacamas. Mise a bhí deas leatsa i gcónaí…thánn tú lán do chac.

Agus níl do chuid airgid uaim…agus rud eile…tás agam gur tú Matthew…ach bhí eagla orm an aghaidh fidil a bhaint díot…is tú Matthew, Mark, Luke and John…Bless the bed that they lay on… nuair a chuimhním ar na bréaga a d'inis tú dom…ach ní haon dóichín mise.

Guth inmheánach:
Ar son Dé…cé hé Matthew?

Guth os ard:
Ó, tánn tú go maith ag na haccents…ag ligint ort gur Matthew ab ainm duit agus an accent Albanach san agat…ó ach tá beirthe ort!

Guth inmheánach:
A-hah! Sea…tá sé agam anois. Thuirling an Spiorad Naomh air…an bhfuil sé ábalta Gaelainn a labhairt chomh maith?!!

Guth os ard:
Elvis, Elvis, pisch…pisch…Cé hé Mattthew? Bhíos olc mo dhóthain go dtí

seo…an bhfuil Matthew i gceann des na seomraí? Tá ceathrar i Seomra 4…as a meabhair glan…cailíní…fear amháin i Seomra 5…fearín beag le 'tash…devil in disguise…Matthew…? agus gan éinne éirithe fós. Cén sórt B&B é seo agam?

TÉANN RUTH GO DTÍ AN DORAS. OSCLAÍONN SÍ É AGUS BUAILEANN SÍ CLOG AN DORAIS ARÍS IS ARÍS EILE.

Guth os ard:
Hah? Airgead? Ní dheinimse aon airgead as seo! Pé airgead a dheinim tugaim uaim é…tá Save The Donkey i gCorcaigh, tá Muthunuir i gKenya, tá St. Anthony's Guild i Nua-Eabhrac gan trácht ar an gcuid eile…Chríost is breá liom fíon…go dtí go dtéann sé go dtí mo chloigeann…

Guth inmheánach:
An cuimhin leat an uair san i Yonkers, a Ruth? Thugais caoga cent don baglady úd agus chaith sí sileadh ort! [Reminiscing] bhí ana-chleachtadh

againn i New York…

CANANN RUTH:
"Have you come here for forgiveness,
Have you come to raise the dead,
Have you come here to play Jesus,
To the lepers in your head,
Did I ask too much…"

BRÚNN SÍ AN CNAIPE ARÍS. TAGANN DÉISTEAN UIRTHI.

Ahhggh! Níl éinne chun éirí. Cail mo Walkman? Táimse ag dul amach fén mbaile.

Guth inmheánach:
Ruth! Conas is dóigh leat atá éinne chun éirí nuair ná fuil éinne ag fanacht sa tigh agat…chaithis an lá inné sa phub agus an lá roimhis sin sa sáipéal…dúisigh…

Guth os ard:
Fan ansan, Elvis, ní bheidh mé i bhfad…
Elvis: Miaow.
TUGANN SÍ BANG MÓR DON DORAS AGUS Í AG DUL AMACH.

TITEANN AN BHÁISTEACH GO TROM ACH IS CUMA LE RUTH - SIÚLANN SÍ AMACH I LÁR AN GHAIRDÍN. FAIGHEANN SÍ BÁITE FLIUCH.

Tusa a bhí ann inné, nach tú? Bhís ag lorg seomra…dúraís gur Ed ab ainm duit…ainm asail! Sin é a chuir na charities i gcuimhne dom…ach bhís ana-bheag, a cheapas… bhís 5 n-orlach níos lú ná an lá roimhe sin sin…rabhais ag caitheamh platforms an lá san…??!! Cripes tánn tú ait!

DEINEANN CAIRT TOOT UIRTHI.

Toot! Toot! Éist…toooooottttt! Ach ní tharlaíonn faic. Fadó nuair a chloisinn toot chínn é…chínn Daid ach ní chím éinne anois ach an dj. Sure ní chím é sin ach oiread…tá pictúir im' cheann do…

TÁ AN BHÁISTEACH FÓS AG TITIM.

BUAILEANN CLOG AN TSÉIPÉIL.

Guth os ard:

Abair an Choróin Mhuire duit fhéin.

CANANN RUTH:
"I met a strange lady…she made me nervous…she took me in… and gave me breakfast" [Men At Work]

Ó God! Ní féidir liom steip eile a thógaint. Ó, God…

Deireadh Daid go rabhas níos fearr as im' aonar… tá mo dhá ghúin gearrtha ós na paidreacha… ag lorg fir…cuirfidh Tom ceist orm…lá éigin…agus má deirim "no", má deirim "no way"…cuir san asylum ansan me…ná dein, a Tom, mar mhagadh atáim, má deirim "no"… ceistigh mé arís is arís eile, go dtí go ndeirim "I do"!!!

CANANN RUTH:
"I met a strange lady…she made me nervous" [Men At Work]
TOSNAÍONN RUTH AG BUALADH BUILE AR AN NDORAS TOSAIGH. TÓGANN SÍ ANÁIL.
Guth inmheánach
Ruth! Ní chloisfidh éinne tú mar níl

éinne ag fanacht sa tigh agat….ní raibh le fada an lá…

Guth os ard:
Thógais eochair Seomra 6…nár dheinis?…i ngan fhios dom…Agus tá d'athair is do mháthair i Seomra 3. Ná bí buartha…Fágfaidh mé seomra 6 agat agus tabharfaidh mé an Full Irish dod Mhom agus dod Dhaid…sausages, rashers, pudding…na works!

CANANN RUTH:
"I met a strange lady…she made me breakfast" [Men At Work]

No! No! Coimeád do chuid airgid…tá sé saor in aisce…Ó! alright! Tuigim! Tusa Tom Dunne agus is mise an seana-lady - actually ní thuigim…ní thuigim in aon chor. Cana-thaobh go gcaithfir-se a bheith id dj….tánn tú críonna… teastaíonn uaimse bualadh leat is tú faoi bhláth…óg, dathúil, folláin…Cad na thaobh go mbeadh seana-leaid uaim?

Guth inmheánach:
Is cuimhin liom an seanaleaid agus

a bhean céile…i Seomra 3. Bhíodar cosúil le haon bheirt eile. D'itheadar a mbricfeast, dhíoladar tú…dúradar gur tigh deas é…canathaobh go gceapann tú go raibh aon bhaint acu leis an dj? Gnáthdhaoine, daoine deasa… feirmeoirí, déarfainn…Mom agus Daid an dj, mo thóin.

CANANN RUTH:
"I met a strange lady…" [Men At Work]

DEINEANN CAIRT TOOT FADA.

Guth os ard:
Éistígh! Táim bodhar agaibh! God! Cé tá sa chairt?

TÓGANN RUTH ANÁIL EILE. TÁ SÍ GASPING.
Guth inmheánach:
B'fhéidir gurbh é Ian atá ann…an freastalaí sa Chaifé…ar a laghad tá sé beo…

Guth os ard:
Agus TÁ aghaidh álainn agat, a Tom

Dunne…dúirís liom é…míle uair…an gcualaís riamh ceol ceart ag bainis…?

CLOISEANN RUTH NA PRÉACHÁIN. TÁ SÉ FÓS AG CLAGARNACH BÁISTÍ.

Na mairbh…an dtagann siad chugam istoíche…b'fhéidir gur mystic mé… mystic lipstick…ar scaoileas mo rún leat aréir is mé im' chodladh…?? Mar gheall ar na mairbh…

CANANN RUTH:
"is it getting better or do you feel the same, will it make it easier on you now, you've got someone to blame"
[U2]

Ó, God, tá eagla orm arís! Scaoil isteach mé.

TAGANN ANBHÁ AR RUTH. TITEANN NA H-EOCHRACHA AR AN DTALAMH. BEIREANN RUTH ORTHU. CASANN SÍ AN EOCHAIR. OSCLAÍONN SÍ AN DORAS. TUGANN SÍ BANG DON DORAS

AGUS Í LAISTIGH. NÍ CHLOISIMID AN BHÁISTEACH ANOIS.

DEIREADH LE CUID A HAON

CUID A DÓ – TAIBHREAMH LEANÚNACH

Guth os ard:
Ná téir a chodladh, ná téir [frantic]...cad mar gheall ar na cuairteoirí, beidh siad éirithe aon nóiméad...

Guth inmheánach:
Tá's agat ná fuil aon chuairteoirí sa tigh...tá...níl...na tromlaí...ná téir a chodladh...Ruth?

Guth os ard:
Ó mo ghraidhn thú! Cad a chuireadh gliondar ar do chroí...nó...ná bac na mairbh...táim ag caint fútsa a Tom Dunne, cad ba mhaith leatsa...?

Ó...[GÁIRE] ná náirigh me! Anois a Tom caithfidh mé slán d'fhágaint agat go fóill...an gcabhróidh tú liom dul a chodladh? Cas amhrán dom...lullaby. [Méanfaíoch] Slán go fóill, Elvis, mo chaitín, mo chroí.

Elvis: Miaow...

CLOISTEAR RUTH AG DUL 'ON

LEABA. TÁ SÍ IDIR CODLADH AGUS DÚISEACHT DON PHÍOSA SEO. TÁ EAGLA UIRTHI TITIM DÁ CODLADH MAR GO MBEIDH TROMLAÍ AICI.

Mmmm…..mmmmm…. eitealán… rudaí feicithe agam…tá rudaí feicithe agam nach féidir liom labhairt fúthu… rudaí rúnda. Bhíos istigh san eitealán a chuaigh síos i Lockerby i 1989…chuala an scréachaigh…chonac an fhulaingt… bhíos in Armenia nuair a mhairbh crith-talún 500,000 duine…bhíos ann…bhíos ann…leanaí bochta…gan athair ná máthair…ó an phian…ó God…ní féidir liom é a sheasamh a thuilleamh…a Dhia na Glóire, cabhraigh liom.

CHLOISIMID ANA-CHUID DAOINE AG SCRÉACHAIGH.

Guth os ard:
Teastaíonn uaim stop a chur leis an bhfulaingt…canathaobh gur thaispéanais Lockerby dom trí lá sular thit an t-eitealán…amach as an spéir? Is mise faoi deara an tragóid uafásach san…

bhí'os agam mar gheall ar an mbuama agus níor dheineas faic…cé chreidfeadh mé anyway? Bheinn laindeálta tharnais i Ward Dean Swift. Agus cheapas-sa go ndéanfadh an FBI rud éigin mar gheall air…is leo san a insím gach aon rud…is mé im' chodladh. Go dtí go ndeineann an diabhal iarracht mé a dhúiseacht…ní theastaíonn uaidh stop a chur leis na buamaí [lasc fuipe le clos]…ágghh…ná crith talún [lasc fuipe le clos]…ágghh… is breá leis an fhulaingt [lasc fuipe le clos]…ágghh…agus an tragóid [lasc fuipe le clos]…ágghh…the more the…. merrier…cail' ann tú anocht a bhastaird? Bastaird. Bastaird.

TITEANN RUTH INA CODLADH. DEINEANN SÍ BÉIC. [banéigean á shamhlú.] TOSNAÍONN AN LEABA AG CORRAÍ.

Uhhh! Áaahhhhh!

TOSNAÍONN RUTH AG SCRÉACHAIGH

Tar anuas díom…lig dom…tair anuas

diom, ó God, cabhraigh liom, m'aingeal cuideachta, cá bhfuileann tú? TAIR ANUAS DÍOM…

TÁ SAOTHAR AR RUTH. DÚISÍONN SÍ AGUS TOSNAÍONN SÍ AG GOL.
Guth os ard:
Caithin a bheidh mé saor? Níl sé faerálta. Tom Dunne, dúirís go gcoimeádfá uaim é ach tagann sé fós, gach aon nóimint den lá is den oíche…tagann sé gan choinne…an diabhal…tá sé ag iarraidh mé a tharrac síos go hIfreann leis…[BÉIC]…ní raghaidh mé leis… táimse ag imeacht le mo Dhaid… táimse ag imeacht suas is cuma cad a dhéanfaidh an diabhal liom…Ó, God, tá tochas orm…[Déanann RUTH í féin a thochas go fíochmhar] no, níl na scabies agam…tá an rud dubh san ag iarraidh mé a chlúdach, ag triallt mé a mhúchadh…beireann sé ar mo theanga agus casann sé mo chroí…Tom, Tom Dunne… tabhair abhaile me…

Cá bhfuil an té…ó Dhia! Socraigh síos, socraigh síos…a scathán, féach orm - nochtaithe ós do chomhair amach. C'ail an *figure* a bhí agam nuair a bhíos óg? O, God, féach ar mo bholg…ata…táim ag súil leis an *Anti-Christ* - o, no… God…no…

Féachaim timpeall orm fhéin agus cím tusa i ngach áit, i ngach duine, a Tom Dunne. Is tú Marti Pellow, is tú Adam Clayton, is tú Kurt Cobain…R.I.P… [fuaim lasc fuipe]…ágghh…

CANANN RUTH:
"Hello, hello, hello how low,
Hello, hello, hello how low,
Hello, hello, hello…" [Smells Like Teen Spirit]

D'inis tú bréag dom. Chuireas ceist ort agus dúirís *"I could never hurt you, past, present or future…"* bréaga! Tá mo chroí cráite.

Ar an dtaobh eile den scéal shábhális mé ón Madra Mór Dubh…agus táim buíoch duit as san…tá an gadhar san ag iarraidh m'anam a shlogadh…Chríost, an mbraitheann tú an teas? [fuaim lasc fuipe]…ágghh…

Guth inmheánach [ag impí]
Ruth, éist liom…tóg bog é…dein dearmad ar an ndiabhal, dein dearmad ar Dhia, is peacach tú…*so what!* Shh… Shhhhhh…..socair….deas socair…

LÉIMEANN ELVIS AN CAT IN AIRDE AR RUTH AGUS TAGANN SUAIMHNEAS UIRTHI.

Elvis: Miaow.

Guth os ard:
Ó Elvis, mo chaitín, mo stóirín…. thanks…thanks as teacht i gcabhair orm…thanks…

PÓGANN RUTH ELVIS.

Elvis: Miaow.

Guth inmheánach:
Féach ar an mboghaisín!

TITEANN RUTH A CHODLADH GO SÁMH SUAIMHNEACH.

CRÍOCH LE TAIBHREAMH

IS GÁ IMEACHT AMA A LÉIRIÚ ANSEO - LE DREAS CEOIL B'FHÉIDIR.

TÁ RUTH SUITE LASMUIGH DON GCAIFÉ. TÁ TRÁCHT AG DUL THART. NÍL ÉINNE TIMPEALL.

TÁ SEACH-GHLÓRTHA GO LÁIDIR LE CLOS SA RADHARC SEO - PRÉACHÁIN, CLOIG, CLATARÁIL AG ÁRAISTÍ, ADHARCA Á SÉIDEADH, AN TILL AG IMEACHT.

SEASANN AN CAIFÉ DON DOMHAN AMUIGH AGUS FAIGHEANN RUTH DEACAIR DÉILEÁIL LEIS SEO - LEIS AN SAOL. TÁ AN CAIFÉ SCANRÚIL DI.

Guth os ard:
Ó, bhí an caifé san go hainnis…tá double shot uaim, a bhuachaill, double expresso! Whoa! Ceann eile…good! Ná bí náireach…tabhair dom do láimh…is maith liom é…lách…mín…is maith liom an tslí a thugann tú caifé dom…

Guth inmheánach:
An rud is annamh is iontach!

BUAILEANN AN CLOG SA SÁIPÉAL.

Guth os ard:
Caith na thaobh go rabhais suite lasmuigh den séipéal - do cheann fút - theastaigh uaim imeacht chugat, a stór, ach…níor dheineas…

Guth inmheánach:
'Mithe le gealaigh arís.

Guth os ard:
I'm getting married in the morning!! Caithfidh tú an aghaidh fidil a bhaint díot uair éigin…ná caithfir, a stór? Beidh cúigear clainne againn. Deichniúr an duine den Choróin Mhuire. Déarfaimid í gach oíche, ar son na Marbh, ar son Mheiriceá, agus déarfaidh an té is lú deichniúr ar son Bin Laden…is mór a theastódh paidir uaidh…go saora Dia sin! Ó, tá sceitimíní orm!! Agus beidh mé saor ón sean- Ghadhar lofa san …go deo na ndeor…

Ach…cuireann pósadh scian trím chroí…nuair a chuimhním air… n'fheadar canathaobh…

Guth inmheánach:
Ní haon iontas é má tánn tú chun cúigear clainne a bheith agat agus tú nach mór daichead a dó…Éirigh suas, a Ruth, agus cur crot ort fhéin…tá an gadhar dubh imithe…ní raibh sé riamh ann, tánn tú ag taibhreamh arís, nách bhfuil an ceart agam, a dhuine uasail…? Ach sure ní féidir le Ian mé a chlos…ní chloiseann éinne mise…agus is dóigh leis go bhfuileann tusa ait, Ruth,…suite ansan ag caint leat fhéin.

Guth os ard:
Fanfaidh an diabhal amach uaimse fad is tánn tusa timpeall, Tom Dunne… nílimse chun a mhac a iompar, tánn tú chun faire amach dom, a Tom…ní leis an diabhal m'anam…ná aon pháirt eile dom…fuckáil leat a dhiabhal-boy…tair ag triall orm, cabhraigh liom. Ó, táim breoite den choimhlint seo… táim tugtha…

TITEANN AN CUPÁN AR AN TALAMH.

Óh!

CUIREANN AN GADHAR DRANNTÁN AS.

Cad dúrt leat? Fuckáil leat…

Tusa Hugh Grant? An tú Ricky Martin?…nó, Chríost…Gerry Ryan…!

CLOISTEAR BLOSC CAIRTE AG DUL THAR BRÁID.

Guth inmheánach:
Shiúl Ruth síos an bóthar, buidéal gin ina láimh dheas agus piunt ceirtlíse sa láimh chlé…ag tarrac an dá chois ina diaidh. Ruth bocht, Ruth salach, bíodh trua agaibh di…nach maith an rud é gur tháinig sí abhaile…bheadh sí *six feet under* dá bhfanfadh sí sna Stáit Aontaithe…

Guth os ard:
Ar mhaith leat dá dtabharfainn d'ainm

don sagart…deireann sé Aifreann i Ros Neamhlach gach aon mhí…shh! Tá sé déanta agam! St. Teresa, please pick me a rose…

IMÍONN AN TILL.

Dhá euro? Ar chupán caifé? Cripes!

Guth inmheánach:
Bhís istigh sa chaifé aon tráthnóna amháin agus sheas deartháir Phádraig lastiar ded dhrom…Dá gcífá an droch-shiúil a thug sé duit…ní tusa faoi deara é gur cailleadh a dheirfiúr. Ná cuir an milléan ort fhéin, a Ruth…Dá mbeadh a fhios agat é, déarfá leis é. Éist liom!… níleann tú psychic…

Guth os ard:
D'fhágas an Caifé. Cad a chífinn ag teacht im' threo ach an hearse…ar a leath huair tar éis a hocht istoíche…taispeáin di an casán caol, a Naomh Gabriel… níorbh aon naomh í sin!

CANANN RUTH:
"Ice in the morning, better watch your

step,
There are dangerous maybes, so hard to forget,
You know what I wanna know, you know what I wanna know…" [David Kitt]

CLOISTEAR ALÁRAIM.

Cuireann na halarams sin as mo mheabhair mé. Tá ciall éigin ag baint leo ach n'fheadar cad é…Ó! Scaoil abhaile mé. Tharnais go dtí mo thigín beag fhéin.

TÁ GÁ LE HIMEACHT AMA A LÉIRIÚ ANSEO

CLOISTEAR AN DORAS AG DÚNADH LE BANG.

Guth os ard:
Elvis, Elvis, a chaitín, táim anso.

Elvis: Miaow.

Ba mhaith liom dul isteach i Seomra 6 agus na bairrlíní a ghlanadh…ach níl an carráiste agam…Chríost! An media! Má gheibheann siad greim ar an scéal seo…sin é an doorbell arís…cé tá ansan? Cad tá uaibh? Yea…tá Seomra 1 saor…bhuel, b'fhearra dhíobh teacht tharnais laistigh de deich nóimintí… slán…FAN! AN ÓS NA TABLOIDS SIBH? No? ok, slán…

Muna dtagann an bheirt san tharnais, is iad fhéin a bheidh thíos leis…teastaíonn ón Tiarna go dtiocfadh siad tharnais… *well, feck them anyway…*

Guth inmheánach:
Cé hiad an bheirt sin? Hah? Níl aon aithne agat orthu agus *anyway* is cuma sa diabhal fúthu. Ní haon phioc ded' chúram é pioca an bhfuilid pósta nó nach bhfuil, a Ruth, níl cumhachtanna speisialta agat, tánn tú cosúil le gach aon Joe Soap eile ar fud na cruinne!

Guth os ard:
O, God, tá eagla orm arís. Cad a dhéanfaidh mé má chím Muire Máthair Dé…O, God! Beidh sé ins na *tabloids…*

BUAILEANN CLOG AN DORAIS

Guth inmheánach:
Freagair é! B'fhéidir gurbh í Muire, Máthair Dé, atá ann!

Guth os ard:
Ah! Tánn sibh tharnais…Seachain, a chaitín, seachain Elvis…Isteach i Seomra 1 libh. Déarfaimid paidir bheag le chéile…In ainm an Athar, agus an Mhic agus an Spioraid Naoimh Amen… Seo, an eochair…

Táid slán sábháilte anois…is dóigh liom go bhfuil sé críochnaithe…chuala an *fat lady* ag canadh cúpla nóimint ó shoin…mo léir…tá eagla orm anois… an mbeidh mé ar Hello Magazine?

Guth inmheánach:
Ó beimid go léir ag tabhairt ómóis duit, a Ruth, a chailín…beidh tú in airde ar phedestal againn…cosúil leis an Dingle Puck Goat…rí an domhain!

Guth os ard:
Ná habair liom cad tá le déanamh

agam, a Tom Dunne. Má táim imithe le gealaigh, sé mo chúram fhéin é...nach é a Tom?

Guth inmheánach:
All-I-lu, All-I-luuu, All-I-luuuuuu, tá an poc ar buile...!!

Guth os ard:
...Yea...cheart do Bhanríon Shasana sorry a rá liom - cuimhnigh ar - ta sí ag caitheamh anuas orm le hocht gcéad bliain.

Guth inmheánach [ag gol]:
Tá an poc ar buile....Cá n-imís uaim, a Ruth? Cé hí an strainséir atá anseo romham amach? Ní aithním Ruth a thuilleadh, tar tharnais chugam... miseálaim tú...a Ruth?

Guth os ard:
A scathán...? Cá bhfuil mo lipstick? *Mystic lipstick*... Blusher...naw! Níl aon ghá leis sin...

CLOISTEAR TOOT.

Ó tá eagla orm arís…Tá an A A *traffic report* ag teacht ar an raidió anois - bhuel, níl ach beidh…má bhíonn crash agam…bhuel, má bhíonn …féachfaidh mé go hálainn…*mascara* - cá bhfuileann tú…scathán?

BRISEANN RUTH AN SCÁTHÁN AR AN DTALAMH. TÁ ELVIS AN CAT SCEIMHLITHE. DEINEANN SÍ SCREAD UAFÁSACH.

Guth inmheánach:
Ruth! Ná dein!

Guth os ard:
Caith chugam na *pliers*. Táim ag teacht anuas ón gCros…tairg amach na tairní… cabhraigh liom…ó, cas amach an seana-dhiabhal raidió san, ní theastaíonn uaim go gcloisfidh tú mé, a Tom Dunne…tá súil agam nár thugas na *runs* duit…fear bocht…ní tusa fé ndear é…nách agat atá an fhoighne…ag éisteacht liomsa ar feadh trí mbliana déag. Cár bhuaileas leat in aon chor?

Dúirís go raibh dhá lá fágtha…dúirís é

sin dhá mhí ó shoin. Oh, God, tá *Witness* ag tosnú an tseachtain seo chugainn… ná cuir iachall orm canadh…ná cuir iachall orm dul ar an stáitse, a Tom…os comhair 800,000 duine. Ní féidir liom caint…os comhair slua… *lunatics*… tabhair cupán caifé dom! Tá's agatsa a Tom gur mise an *Witness*…doubting Thomas…

Guth inmheánach:
Féach ort! Tá d'aghaidh tinn anois, ní féidir leat bualadh le Tom Dunne…mar níl sé ann. Istigh id' cheann atá sé, nár chuiris email chuige agus ní bhfuairis aon fhreagra…tá Tom Dunne pósta *for God's sake*…Agus féach ar an scáthán… briste ina smidiríní.

CLOISTEAR AN tOIGHEANN AR SIÚL. GLÓR SPRÉACHARNACH.

Guth os ard:
Thosnaigh an leaid óg san ag gáirí fúm inné…nuair a bhíos ag ceannach na *trousers* dubha…na cinn *satin*… cuirfidh mé geasa air…tóg bog é, a Tom Dunne…teastaíonn uaim go mbuailfeá

le Daid!

Ach nílim ag corraí amach as an dtigh. Tá an ghráin acu san amuigh orm.

CLOISIMID "POP" AGUS DOIRTEANN RUTH CHAMPAGNE ISTEACH I DHÁ GHLOINE.

Ceann duitse, a Tom, agus ceannín beag domsa…class!

CLOISTEAR "CLINK" - DHÁ GHLOINE (SLÁINTE)

CANANN RUTH:
So here's to you Mrs. Robinson, Jesus loves you more than you will know…

Óh! Tá gáire aoibhinn agat! agus táim róstaithe arís…Tiocfaidh tú chugam… ta's agam é…Go raibh míle maith agat and *Good Morning Vietnam!* Ach an gcuirfear san uaigh chéanna an bheirt againn?

An bhfuil mo scéalta uait? An dteastaíonn uait mo chuid scríbhneoireachta a léamh? 'Sé an t-aon mheán chumarsáide atá agam...Cúthaileach?? Elvis? Elvis? Cá bhfuileann tú a chroí? Elvis? Pisch... pisch...

NÍL AON FHREAGRA ÓN GCAT.

Guth inmheánach:
Ní theastaíonn faic uaim anois...ach tusa a fheiscint alright arís...cad a tharla duit...don gcraic a bhíodh againn...an cuimhin leat é fiú amháin?

Guth os ard:
Yea...no...táim...ní...féidir...liom... dhá fhocal...a...chur...le....chéile - míneoidh mé duit é lá éigin, mo chara, mo chroí deoil...gloine beag eile, a Tom? Sláinte!

Cá bhfuil an rós? Tom,...ó táim traochta...traochta den fhulaingt...agus uaigneach. Canathaobh go nglaois é sin orm? Níl sé deas. Ghortís mé. Yea...tá Shrek feicithe agam. Scéal...mar gheall ormsa agus ortsa...tusa a scríobh é. Tusa an t-asal a bhí ag canadh ag an ndeireadh. Cuireann sé scanradh orm nuair a deireann tú liom go mbím ag caint istoíche…agus mé im' chodladh. But I'll face facts. Cad a bhím ag rá? Ach scannán maith ab ea Shrek… caithfidh mé a rá…go raibh maith agat dj. Ó? Mise a scríobh an scriopt? Agus mé im' chodladh? Agus tusa a scríobh na hamhráin…ha-ha- tánn tú funny - cosúil leis an asal san!

Guth inmheánach:
Canathaobh go bhfuil 8.30 cinema scríofa ar do láimh agat…ó sea… Shrek!

CANANN RUTH:
And I'm getting married in the morning…

Guth os ard:
An rabhais pósta riamh? An bhfuil leanaí agat? Cén star sign atá agat? Yea…yea…yea…beidh mé alright ar feadh tamaill eile…Chríost, inniu Dé Domhnaigh! Tá eagla orm arís. Caithin a fuaireas an t-instealladh? Ní cuimhin liom… Tá súil agam ná íosfaidh éinne mé…

CANANN RUTH:
"Humming all the way to Reino, You've written your own directions,
And whistles the rules have changed,
You know who you are,
Youre gonna be a star, You know who you are" [REM All The Way To Reno]
Ní theastaíonn uaim go gcífeá nocht mé, a Tom Dunne…Sin é a dúrt leat agus seo an freagra a thugais dom…

CANANN RUTH:
"Now sweeter You're so sugar sweet… you're gonna be a star, you know who you are…" [REM]

Tabhair cúpla mí dom ar a laghad… am…chun a rá liom go bhfuilim psychic…má bhíos is cuma liom…má táim, raghaidh me as mo mheabhair. Má bhím…ní bhead! Elvis?

CANANN RUTH:
"Humming all the way to Reno,
Dusted the non-believers
And challenge the laws of chance"
[REM]

Guth inmheánach:
Táim chun glaoch ar na Gardaí muna stopann tú. Cad dúrt leat? Níleann tú psychic…tánn tú breoite…glaofad ar an ndochtúir…tóg do chuid piollaí… b'fhéidir gur cuma leatsa a bheith tharnais san ospidéal san ach níl aon tslí fén spéir go raghadsa tharnais arís…táim á rá leat. Tógfaidh tú na piollaí agus pé diabhal rud eile a thabharfaidh siad duit ach no way go bhfuilim ag dul isteach go Dean Swift arís…an gcloiseann tú mé? No way, Hosé.

Guth os ard:
Níl aon ghá domsa dul tharnais chuig Ward Dean Swift - raghainn go hifreann ar dtúis… Chríost…táim te arís…ní maith le Dia daoine óga a fheiscint le chéile…ta ana-dhiomá Air…mo náire tú, a Ruth,

OSCLAíONN RUTH AN SCONNA AGUS CAITHEANN SÍ UISCE AR A HAGHAIDH.

CANANN RUTH:
"But you've known that from the

beginning,
You didn't have to go so far,
You didn't have to go" [REM]

Guth os ard:
Nuair a deirim paidir bheag, tagann an tAthair ag rás im' threo agus tógann sé mé ina bhaclann fé mar a dheineadh Daid agus maitheann sé dhom iad…mo pheacaí…deineann….

Guth inmheánach:
A pillow for thee will I bring
Stuffed with down of angel's wing…

Guth os ard:
Ó, Dhia, trócaire, táim sceimhlithe arís…cabhraigh liom, cabh…out, out damn spot, níor cheart dom a bheith mar seo …I love you, Ruth, tóg bog é, a chailín, a Tom an bhfuileann tú mín? Cosúil le Daid? Dad, roghnaigh sé fear dom…ach roghnaigh an dj…

Guth inmheánach:
Tá Daid ins na Flaithis anois, a Ruth agus caithfidh tusa a bheith láidir. Níl aon boyfriend agat mar tánn tú ag caint le

raidió - tánn tú ag caint le raidió, a Ruth, leis an diabhal raidió, an gcloiseann tú mé? Ní chloiseann éinne tusa.

TOSNAÍONN RUTH AG GOL.

Guth os ard:
Táim ag imeacht as mo mheabhair... bhís chomh gránna a Tom nuair a cailleadh Daid...ba chuma leat ach do chuid amhrán a chasadh...is doigh liom go bhfuil an deireadh tagtha...an 3ú Méan Fómhair 2001

Táim cosúil le Shrek...Pógadh Princess Fiona ag an deireadh ach níor athraigh sí. Phóg Íosa mise agus níor athraíos... still big fat and ugly...a Dhaid, cuir do dhá láimh timpeall orm...a Tom, cas amhrán dom...

CLOISTEAR RUTH AG BREITH AR PHÍOSAÍ AN SCÁTHÁIN AGUS Á GCAITHEAMH TIMPEALL.

Guth inmheánach: [cráite]
Cur uait an ghloine sin...nó...gortóidh tú thú féin...

Guth os ard:
…it was just that the time was wrong… Juliet…God Almighty! Beidh sé níos fusa as seo amach, a Tom…it's a great day to be Irish…

Tom, an dóigh leat gur cluiche de shaghas éigin é seo? Ní hea! Tánn tú ag imirt le mo chroí…imir an cluiche… domsa…agus fós táim ceangailte leis an raidió…trí bliana déag….cut the umbilical cord…are we on the eve of destruction?
Guth inmheánach:
A Tom, tá sí ag caint leat, labhair léi, ar mo shonsa, más é do thoil é, freagair í…

OSCLAÍONN RUTH AN DORAS. CLOISEANN SÍ ÉANLAITHE.

Guth os ard:
Táim cosúil libhse! Táim cosúil le héan…éan le sciathán briste…don't tell because it hurts… weird, an bhfuil aithne agam ort, a chomálaí…weird … nó weirdo…Ná cuir an iomad ceisteanna orm inniu…táim ró-lag…tá's agam go

bhfuilim difriúil…Daid…dj…

Guth inmhéanach:
Ná himigh, a Ruth, ná himigh, an gcloiseann tú Daid - tá sé ag labhairt leat, éist!

CLOISTEAR CAIRT AG DÉANAMH "TOOT"

Guth os ard:
Cá bhfuil mo Phrionsa…ná dúrt libh go dtiocfadh an Prionsa Andrew ar mo thóir…tá trua agam do dhaoine… cuimhním ar Lá an Luain, ní bhuailfimid leis an Dia Trócaireach…no…ach leis an mBreithiunas… ródhéanach dúinn go léir…ach amháin don dj…

Guth inmhéanach:
Stop, stop a Ruth, ná tóg na piollaí sin go léir. Cas air an raidió, cas ar an raidió agus cloisfidh tú do leannán…

CLOISTEAR AR AN RAIDIÓ:
"Now that she's back in the atmosphere,
With drops of Jupiter in her hair, hey,

hey,
She acts like Summer and walks like rain,
Reminds that there's time to change, hey hey." [Traein]

Guth os ard:
Tháinís chuig an doras inné. Bhí tú ag lorg an adhlacóra… bhí súile aoibhne agat, an bhfuil an adhlacóir óg nó críonna? Cén difríocht a dheineann sé? óg arsa mise leat…caoga nó mar sin…

CLOISTEAR AR AN RAIDIÓ:
"Tell me did you fall from a shooting star, One without a permanent scar,
And did you miss me while you were looking for yourself out there…" [Traein]

AN GUTH INMHÉANACH AGUS AN GUTH OS ARD MEASCAITHE LENA CHÉILE:

Nílim scanraithe a thuilleadh, a Tom Dunne. Déanfaidh mé deal leat… déarfadsa leatsa nuair a theastóidh uaim bualadh leat…nuair a thabharfaidh Daid comhartha dom…mo chéad boyfriend ceart…íosfaidh sé turcaí liom Lá Nollag…déanfaidh sé an Carghas liom roimis an gCáisc, raghaidh sé go dtí na ráiseanna liom sa Samhradh, agus roinnimíd leaba i rith an Gheimhridh… féach tá an oíche ag titim, am dul a chodladh, tá rudaí ag teacht le chéile ar deireadh…ó féach, féach ar an mboghaisín!

CLOISTEAR AR AN RAIDIÓ:
"Tell me did the wind sweep you off your feet,
Did you finally get the chance to dance along the light of day,
And head back toward the Milky Way…" [Traein]

Guth inmheánach:
Beidh mé alright. And then he whispered softly…will you be my one and only…Bead. Bead. Tar chugam anois a chomálaí…raghad 'on leaba leat anois…b.b.b'fhearr liom éisteacht leat ar an raidió, ar an dteilifís, ar an ríomhaire…ach tá na treoracha scríofa

sna hamhráin - lean iad led' thoil… titfidh mé im' chodladh anois agus ní dhúiseoidh mé go dtugann mo Phrionsa póg dom…

CANANN RUTH:

"Tell me did you sail across the sun,
Did you make it to the Milky Way,
To see the lights all faded,
And that Heaven is overrated,
Tell me, did you fall for a shooting star,
One without a permanent scar,
And did you miss me while you were looking for yourself"

[Traein]

CLOISTEAR GÁIRE ÁLAINN LINBH.

CEOL - Halleluh – [le Jeff Buckley]

BRAT ANUAS

An Préachán Bán

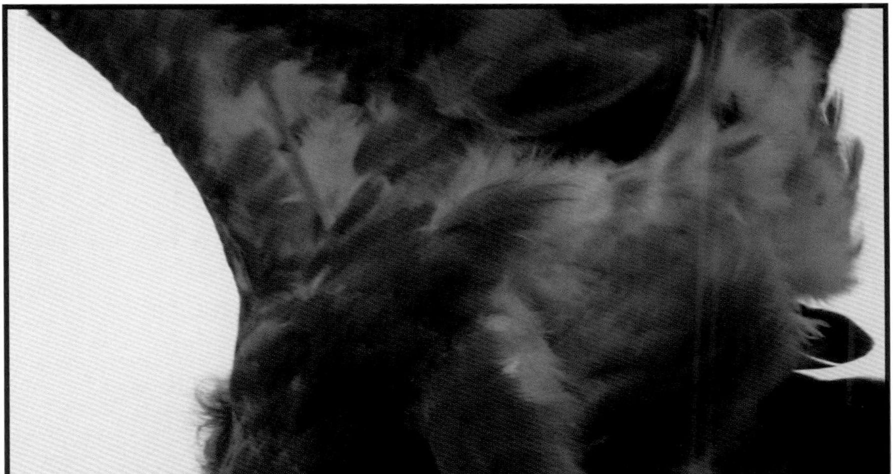

An Préachán Bán

Léiriodh **An Préachán Bán** in ollmhargadh Centra sa Daingean i gCo. Chiarraí cúpla turas. Scríobhas páirt sa dráma do Pháidí Phaud, búistéir ag Centra.

Cuireann an dráma Rianna in aithne dúinn, deagóir atá suaite agus cráite, ach go bhfuil féith na samhlaíochta agus na filíochta go smior inti.

Foireann:

Rianna .... Niamh Ní Chonchúir
Búistéir...... Páidí Phaud Ó Muircheartaigh
Múinteoir.........................Niamh Dold
Léiriú ....Áine Moynihan

SUÍOMH: SIOPA CENTRA SA DAINGEAN

Rianna :

Ní theastaíonn uaim dul ar scoil inniu. Ní maith liom an mhúinteoir. Bully is ea í. Bíonn sí i gcónaí ag piocadh ar dhaoine.

Nílimse saibhir. Ní mise fé ndeara san. Cailleadh mo mháthair nuair a bhíos trí bliana d'aois. Mise an té is óige agus tá mo dheirfiúr ag pósadh amáireach.

Teastaíonn uaithi go dtabharfainn suas an Chomaoineach Naofa chun na haltóra. Nílim ag dul ar Aifreann. Níl faic san séipéal ach seandaoine. Cuireann siad an pip orm. Ag guí is ag guí agus ag caint mar gheall ar a chéile laistiar dá ndrom. B'fhearr liom a bheith le mo bhuachaill.

Táim chun dul go dtí an pháirc agus ní bhfaighidh éinne ansan mé. Ceannóidh mé buidéal Vodka agus buidéal Coke agus cúpla bosca *fags* agus roinnfidh mé iad le mo chairde. Is dócha go mbeidh an bhitch san, an múinteoir, ag bolatháil timpeall. Ní maith léi Ian... ach táimse ró-ghlic di sin.

Ó cá bhfuil mo obair bhaile?
Dúirt sí linn dán a scríobh ar théama

éigin agus níl sé fiú amháin tosnaithe agam. Rud éigin eisceachtúil. 'Thiarna tá sí chomh *not cool.* Ceannód an nuachtán seo agus scríobhfad cúpla líne ar...n'fheadar cad é...cac gé...

Tá sé agam! Scríobhfad dán ar Bush! É féin is a chuid móraíochta. Maraíodh 60 duine inné san Iaráic. Beidh sé cosúil leis na Sasanaigh in Éirinn fadó. Chloisinn mo athair ag caint air. *Old hat*.

Teastaíonn uaim imeacht go Londain agus cúpla rud a cheannach don Nollaig. B'fhéidir go raghad i gceann cúpla lá le Ian.

Bush...sea...cá dtosnód?

Síocháin. Á cac. Níl aon síocháin im' shaol-sa. Tá mo dheirfiúr i gcónaí ag bruíon liom. Tá briseadh uaim. B'fhéidir ná raghad go Londain in ao' chor. B'fhéidir go raghad go Ibitza. Agus ní thiocfad tharnais. Ní mhiseálfaidh éinne mé, pé scéal é. Seo chugainn an búistéir...

Paudie: Rianna! Cana thaobh go bhfuil an pus san ort?

Rianna: Bheadh pus ortsa chomh maith liom, a Phaudie, dá mba rud é go gcaithfeá dán a chumadh.

Paudie: Caithfead admháil nach file mé.... yerra, scríobh rud éigin. Tá an éirim agatsa, a chailín.

Rianna: Bhíos sa pháirc inniu i dteannta Ian. D'ólas buidéal vodka.

Paudie: Dheinis mhuis.

Rianna: Ansan ligeas mo scíth. Luíos siar i mbaclainn mo bhuachalla agus rith smaoineamh liom.

Paudie: Sea mhuis. Nach agat a tá an caráiste.

Rianna: Dán a rith liom *actually* agus cheapas go mbeadh sé oiriúnach duitse.

Paudie: Bhís ag cuimhneamh ormsa agus tú i mbaclainn do *bhoyfriend*...hmm... abair leat....

Rianna: OK! ....An Mhuc!

Paudie: An Mhuc im' baist.

An Mhuc

Léimim in airde ar sheana-thornap
lofa
Pléascann sé isteach im' aghaidh

Cuimilím na píosaí dubha buí
De m'aghaidh.
Agus dírím mo shúil
Ar an mhuc atá ina seasamh
os mo chomhair amach.

Paud is ainm dó
An dochtúir Paud
Siceolaí.

Tá sé ag gáirí fúm
A chuid fhiacla móra bána le
feiscint agam
Meangadh ó chluas go cluas air
É cosúil le 'madán.

Cheapas-sa gur thaitin turnapaí le
muca.
Sáim píosa isteach ina bhéal
Snapann sé.
Chríost! Mo láimh!
Tosnaíonn sé ag gnúsachtach agus
Iompaíonn sé a thóin liom.

Ná bí ag caint.
Mise a bhí deas leatsa i gcónaí.
Thugas bia dhuit
Agus *Cod Liver Oil*
Agus *Xanax* nuair a bhí scanradh
ort.
Mise a ghlan tú agus a thug uisce
duit.
Agus seo é mo luach saothair!

Tógaim amach mo fón póca go

mall, go socair
Le mo láimh eile.
Cuirim John Wayne i gcuimhne
dom fhéin
Cowboy
Agus glaoim ar mo chara
George Bush
Deinim gáire beag liom fhéin
Agus cuirim an fón poca tharnais
im' *holster*
An gnó deanta!

Táim ag súil go mór lem' *rashers*...!
Maidin amárach...
An mhaidin dár gcionn...
Agus an mhaidean ina dhiaidh sin!

Paudie: Am baist go bhfuil féith na filíochta ionat a bhean, bhí sin go hálainn.

Rianna: Táim ag imeacht go Londain, pioca an dtagann Ian liom nó nach dtagann. Tá mo dheirfiúr ag pósadh amárach agus is dócha go mbeidh pus uirthi mura mbead ann. Is féidir léi é a chur di.

Paudie: Yerra, bí deas.

Rianna: Tá bronntanas agam duit – ó Dhaidí na Nollaig.

Paudie: Mo chéad cheann i' mbliana, an gcreidfá é? [IONTAS AR PHAUDIE]

Féach ar an éan! Ní fhaca ceann mar sin cheana. Tá sé cosúil le préachán ach tá dath bán air. Agus ní colúr é. Níl sé chomh galánta sin. Féachann sé ar nós cabaire breac ach amháin go bhfuil sé ar fad bán. Phéinteail duine éigin é ar mo leabhar breac.

Rianna: Bheireas air sa pháirc. Dheineas iarracht an phéint bhán san a bhaint de ach theip orm.

Paudie: *Tarred and feathered and bloody…* [DÉISTIN AR PHAUDIE] Ó! a Rianna…

Rianna: Cá bhfuil mo chiarsúr bán? Cuimil é sin de. Bí cúramach.

Féach, thabharfainn ar scoil é ach amháin go gcuirfí ar *detention* mé. Nach breoite atá sé! Mo ghraidhn é!

Paudie: Cad a thabharfaimid air? A leaidín bocht. Tánn tú ag fáil bháis orm. Tá sé agam! An Albino Crow…!

Rianna: Ow! Beir air a Phaudie. Cad tá déanta aige? Mo ghualainn! Tá sé ag cur fola. Cad na thaobh gur dhein sé é sin. Táimse ag cabhrú leis. Cá bhfuil mo chiarsúr? Lán de fuil id' dhiaidhse, a alfraits… Ní féidir liomsa é d'úsáid anois. Táim clúdaithe le fuil agat.

Conas a raghad ar scoil?

Paudie: Fan! Fan! Tá beirthe agam air. Nach mór an diabhal é. B'fhéidir gur *tetanus* a gheofá as...

Rianna: Á eist a Phaudie! Beidh mé alright. Ní hamhlaidh go bhfuilim ag fáil bháis. Shh! Féach cé tá ag teacht. An
múinteoir....Sea, a mhúinteoir. Tá an dán scríofa agam. Leathanach amháin. Ní raibh am agam níos mó a scríobh. Tá mo dheirfiúr ag pósadh amárach. *Right*. Léifead é.

Paudie: [LEIS AN MÚINTEOIR] A Bhean Uasal, cad tá uait inniu, tá an mhuc ana-bhlasta ar fad gan trácht ar an bpréachán...[LE RIANNA] Níleann tú chun é sin a léamh amach?

Rianna: Táim. Agus is cuma liom.

Paudie: Marófar tú.

Rianna: [LEIS AN MÚINTEOIR] Ó táimid ag caint ar fhilíocht, canathaobh ná fuil smacht sa rang agat a Mhúinteoir? Níl aon smacht agat ar an rang. Á féach tá an gomh ag teacht uirthi anois. Agus ansan na deora. Mo ghraidhn tú. Ní fiú mo chac tú.

Paudie: Rianna! Shh!

Rianna: Thugas bronntanas deas do Phaudie, a mhúinteoir.

Paudie: Colúr...a bhean uasal...!

Rianna: Agus seo é mo dhán...ó agus *by the way*, ní bhead ar scoil amárach – táim féin is mo bhuachaill ag dul ar phósadh. Umm...[GÁIREANN RIANNA OS ARD] seo dán eile ag rith chugam...!

An Preachán Bán - le Rianna Mulryan

Rianna:

Ní féidir liom codladh anocht.
An iomarca ag titim amach ar fuaid an domhain.
Ná féach ar an dteilifís mar sin!
Ach níl aon leigheas agam air.
Pictiúirí ag cur as dom' cheannín bocht.

Socraím an piliúr
Éistím leis na *blues*
Léim leabhar
Deirim paidir.

Táim ag fanacht le Ian ach
Níl tásc ná tuairisc air...

Cloisim an ghloine á briseadh thíos staighre
Ó Chríost, cad a dhéanfad nó cé tá ann...
Éirím as mo leaba mo dhá chos

cosúil le *jelly*
Éalaím síos an staighre
Shh! Tá glór sa seomra suite.
Osclaím an doras go mall
Ag crith agus mo chroí cosúil le *pump*
Tá an vás a bhí suite os cionn na tine
Briste i smidiríní ar fuaid an úrláir
Agus ÉAN [BÉIM] ag eitilt ón dteilifís
Go dtí an chathaoir
Go dtí an mbord.
Cac ar fuaid na háite aige.
Deirim paidir.
Tá an tÉAN [BÉIM] bocht níos a mheasa ná mar atáimse.
Scaoilim saor é amach i ndoircheacht na hoíche
Agus deinim cupán tae.

Cím scáth an phréacháin bháin sa ghealach agus
É ag eililt i dtreo na réiltíní.

Paudie: Ó! Rianna...! Bhí an dán san go hálainn ar fad. Tánn tú chomh maith le Seamus Heaney, ná fuil a bhean uasal?

Múinteoir: Ana-dheas, a Rianna, anois cá bhfuil an coleslaw? [SIÚLANN AN MÚINTEOIR I DTREO AN DELI]

Paudie: [I GCOGAR LE RIANNA]

Canathaobh ná fuil an t-éan seo ag corraí?

Rianna: Chasas a mhuinéal. An gcíonn tú an fhuil? D'usáideas é mar dhúch.

Paudie: Arghh...[DÉISTIN AR PHAUDIE] Tánn tú as do mheabhair.

Rianna: Táimse alright. Tá gach éinne eile imithe le gealaigh. Déanfaidh sé seo mo dhinnéar dom anocht [AN PRÉACHÁN BÁN CROCHTA SAN AER AICI]. N'fheadar cad é an sórt bia a bheidh ag an mbainis? Cuirfidh mé geall leat ná beidh sé á *la carte* cosúil leis an dinnéar a bheidh agamsa.

Táim chun *roll* a cheannach agus blúire ime agus beagán *ketchup* agus sin é agat é. Beidh *jumbo breakfast roll* agam, fé mar a deireann Pat Shortt ach amháin gur sa tráthnóna amháin a ithim.

Paudie; Tá tú im' dhéanamh neirbhíseach, a Rianna. Táim chun glaoch tharnais ar an múinteoir.

Rianna: Ní hí sin an múinteoir in ao' chor, a bhuachaill. Ní rabhas ach ag ligint orm. Ná bíodh aon ní ag cur as duit, a Phaudie. Tar abhaile liom agus beidh suipéar againn le chéile.

Paudie: Tá fonn cur amach orm.

Rianna: Éist! Tá sí chugainn arís.

Paudie: Yerra tá mhuis. Ní féidir liom focal amháin a chreidiúint uait...

Rianna: Táim i ndáiríre an turas seo.

Paudie: [LEIS AN MÚINTEOIR] Tá cailín iontach anseo agat An té is fearr sa rang!.

Múinteoir: Cad na thaobh go bhfuil an páipéar ar fad fliuch, a Rianna? Ó! a Dhia, an fuil é sin nó cad é?

Rianna: Cad é ach cac gé, a mhúinteoir...

Paudie: [GO CROSTA] Rianna...

Rianna: Rith mo bhiro orm, mo bhiro dearg agus loit sí an leathanach. Leathanach nach ea a chaitheamar a scríobh.

Múinteoir: Léigh dom é, led' thoil.
Rianna: An Mhuc...

Paudie Ahh...féach a mhúinteoir, féach ar an mairteoil? Caoireoil b'fhéidir nó iasc? Bíodh do rogha agat.

Múinteoir: [AG SCIOBADH AN PHÁIPÉIR Ó RIANNA] Tabhair dom an píosa

	páipéir san ... [AG LÉAMH OS ARD] Tosnaíonn síocháin aige baile a deir an Bíobla. Aontaím le Críost ansan.Tá mo dheirfiúr ag pósadh amárach agus beidh síocháin sa tigh nuair a bhogfaidh sí amach.
	Neomat amháin, a Rianna. An mbeidh éinne aige baile leat, tar éis dod' dheirfiúr pósadh?
Rianna:	Ó beidh. Tá garsún agam a bhfuilim ag siúl amach leis. Ian is ainm do. Tá sé sin chun aire a thabhairt dom.
Múinteoir:	Lean ort...an dán...
Rianna:	**An Mhuc**
	Léimim in airde ar sheana-thornap lofa Pléascann sé isteach im' aghaidh.... [GÁIRE MÍNÁDÚRTHA Ó RIANNA]
Múinteoir:	Táimid chun tusa a chuir soir, a chailín... [GÁIRE EILE Ó RIANNA]
Paudie:	Dia idir sinn agus an t-olc...

BRAT ANUAS

Réiltín

Réiltín – seanabhean [70], ag seasamh ar thaobh an bhóthair, ag scuabadh na sráide. Dorchadas mór-thimpeall uirthi. An spotsolas ar lampa atá ina sheasamh in aice léi. Í gléasta go haoibhinn, mar shióg leochaileach. An áit ina bhfuil sí, déanta suas mar áit dhraíochta – drúcht agus damháin alla ar fuaid na háite.

Raidió, buidéal champagne, dhá ghloine agus bosca le "GORTA" scríte air, ar an mbord, ar stáitse. Scáthán mór leathbhriste. Babóg ghorm i gcliabhán, pictiúr de Terrace Arles na Fraince [Van Gogh] crochta ar an bhfalla. Leaba tuí sa chúinne.

Réiltín: Reiltín is ainm domsa. File is ea mise. Ní' cheart domsa a bheith anso in ao' chor. Ag scuabadh an urláir seo. *"Sing for your supper"...is all that I can do*...Níl puinn dealraimh leis. 'Cheart dom a bheith istigh sa choláiste dom fhéin i dteannta Shéamuis Heaney agus an Aos Dána. 'Cheart dom a bheith ag tabhairt léachtanna dom fhéin, istigh san *auditorium*.

Tháim chomh maith le héinne acu.
Cad tánn sibhse ansan amuigh ag déanamh anso? Ná fuil sé ag teacht breá bog oraibh. Sibh suite ansan ar chathaoireacha compordacha, ná beadh a leithéidí ag Bhanríon Shasana. Suite ar bhur sáimhín só. Fé mar a chanann Robbie Williams… *"Let me entertain you"*. An fear bocht. Nuair a chuimhním air. Ag caitheamh siar seachtó expresso agus dhá cheann déag do channaí *Red Bull* gach aon lá…cuireann sé mé fhéin i gcuimhne dom…bhuel…ná bac san…is dócha go raibh *charge* ar an ndoras anocht…an raibh…? Ní scaoileadh Maria Murphy éinne isteach gan díol. *There's no flies on her* fé mar a deir an sean-fhocal. Má tá, táid marbh!

Níl tigh ná árasán agam. An

gcreidfeadh éinne é sin? Codlaím sa leaba atá ansan thall sa chúinne. Leaba dhraíochta is ea é. Tá sé cosúil le mata Alladin. Téim mór-thimpeall na cruinne sa leaba san.

Á, is dócha nár cheart dom gearán. Bhínn ag codailt i seanbhosca *cardboard* go dtí go dtáinig an tSiúr Stan i gcabhair orm. Chuireas dhá pholl sa bhosca. Fuinneog agus doras.

Beireann Réiltín ar dheich bpíosa éadaigh nylon ar dhathanna an bhoghaisín.

Is maith liom na cuirtíní. *Net curtains for the valley of the squinting windows.* Plastic a bhíodh ag cara liom. Mála "10 10 20". Agus an doras? Cad a cheapann sibh fén ndoras álainn? Mé fhéin a roghnaigh na ceirteacha. Fuaireas ar Neamh iad cúpla bliain ó shin. Is breá liom an dath dearg san. [AG CUIMHNEAMH OS ARD] Vermillion a thabharfadh Van Gogh air. Is dóigh liom. Yerra, sea, pé rud é…! Yerra ní hea! Brat Bhríde atá ann. Sea go díreach. Tagann sí ag fóirithint orm, tá's agaibh. Cuireann sí an Monsignor im' threo.

Nach maith an rud é go bhfuilim im' chónaí sa chathair. Dá mbeinn curtha fúm sa Daingean, thabharfaí tigh dom. No! Ní bheadh san oiriúnach in ao' chor! Ansan… chaithfhainn *job* a fháil. Agus chaithfinn a bheith deas leis na comharsain. No! Táim níos fearr mar atáim.

Réiltín is ainm dom. Réiltín an Reacaire Réaltógach. Mé fhéin a roghnaigh an t-ainm san. Ní cuimhin liom m'ainm baiste. Thugtaí Allana orm uaireanta, blianta…blianta fada ó shin… B'fhéidir ná raibh aon ainm baiste orm. *"I'm freaky and I like it"*

Pé scéal é, ní chuireann éinne isteach orm anseo. Níl aon bhillí orm. Níl aon *ESB* ná fón póca ná rátaí ná cíos ná ola. Táim ag maireachtaint i bParthas.

Bhuel, tá Focus anseo alright… ach ní bhainid liomsa…de ghnáth. Is cuma leo má bhím ag ól. [SCAOILEANN RÉILTÍN FÍON ISTEACH I NGLOINE] Ní féidir leo faic na fríde a dhéanamh fé, pé scéal é. God, is breá liom *vodka* agus *cider* agus *snakebites* agus *gin*. *Champagne.* Mmmm… sea! Cailín *high-maintenance* atá ionamsa gan aon dabht…!!

Siúlann cailín óg [16] cosnochta ar stáitse. Tá sí ag caitheamh éadaí scoile. Tá satchel ar a droim aici. Cailín geal-gháireach, soineanta is ea í. Réiltín nuair a bhí sí i mbláth na hóige.

Allana: Is maith liom an tSiúr Stan. Bean lách, chineálta agus í déanta do "stheeal iron" ó bhonn go baitheas.

Dá gcrochfaí ar chros í, ní déarfadh sí boo…
Crochadh Íosa ar an gCrois
Tairne ins gach láimh aige
A dhá chos greamaithe den adhmad
Fuil ar sileadh a aghaidh síos
Ón gcoróin spína
A bhí sáite go doimhin ina cheann.

Íosa bocht
É cosúil le huan.

Cosúil leis an seana-wino bocht
A chonac-sa i dtaibhreamh…
Sínte ar chlár adhmaid
Fuil ag sní óna chluasa
Tar éis bhataráil na hoíche a fháil
Ó gheang déagóirí
A cheap go raibh sé *cool* fear bocht, ciúin, cinéalta
A chiceáil sa cheann.

John bocht
É cosúil le huan.

Páipéar tarrainge timpeall ar fhéin
Ag iarraidh é fhéin a théamh.
Ach d'éirigh Íosa ós na mairbh
Agus shabháil sé an cine daonna
D'éirigh Naomh Bríd
Agus chosain sí Íosa
Lena brat bán

Agus d'éirigh an tSiúr Stan
Oíche fhliuch, shalach

Chun John a shábháil.

Ghlan sí an fuil go mín dá aghaidh
Thug sí *bath* dó
Agus leaba dheas ghlan
Agus *pyjamas*
Agus braon tae
Agus buidéal uisce te.

Na deora ag sileadh le John
Triomaithe ag Stan lena brat
Gan aon airgead ag John
Chun an t-aingeal seo a íoc
Bheadh gach aon phingin uaidh
Chun buidéal *cider* a cheannach
Lárna mháireach.

"Ná bac leis" a dúirt an bhean
Lách chráifeach chinéalta
Ach rud amháin a iarraim ort
Téir 'on tséipéal agus las coinneal dom
Agus tabhair aire duit fhéin

Sister Stan
Í cosúil le huan.

Réiltín:

Sea. Uan. Uainín deas. Bhí uan agam fhéin mar pheata uair amháin. Leanadh sí mé ins gach aon áit. Ní fhéadfainn mo mhún a dhéanamh aici. Bhíos cosúil le *Muppet.* Sally a thugas mar ainm uirthi. D'fhás sí suas agus b'in deireadh léi. D'fhan sí sa *deep freeze* ar feadh sé mhí. Is maith is cuimhin liom an boladh fhiáin a bhí uaithi. Bhí níos mó ná mo mhún agam tar éis smut di a alpadh.

Mise a dhéanadh an chócaireacht dúinn, dom fhéin is do m'fhear céile. Sea bhí fear céile agam tráth. John ab ainm do. Leibide leisciúil mhuis! Ní raibh aon rud ag cur tinnis air ach an leaba. Ní amhlaidh ach oiread gur leathar a bhí uaidh. Ní shea go deimhin. *Snooze* a bhí uaidh. *Snooze* breá fada. Agus mise mar óinseach cheart aige ag tabhairt a bhricfeast chuig an rí gach aon mhaidin, agus a dhinnéar agus a thae, chomh maith. Uaineoil a thabharfainn dó don bhricfeast. Uaineoil don dinnéar agus uaineoil tráthnóna. Mhairbh san é ar deireadh! Thacht an ceathrú cos é!

Allana:

Ceapann daoine gurbh é an bás an deireadh
Ach níl san fíor in ao' chor
Go deimhin féin
Nuair a dhúnfad mo shúile
Don uair dheireanach
Nuair a stopfaidh mo chroí ag bualadh
Éireoidh mé as mo leaba
Agus siúlóidh mé isteach i ngairdín álainn.

Beidh *pixies* agus púcaí ann
Beidh Plúirín Sneachta ann
Agus na Seacht nAbhac
Buailfead le Niamh Chinn Óir
Agus raghad ag marcaíocht ar chapall Oisín.

Ní bheidh pian ann
Ná imní
Ná bráca.

Bead saor chun rince
Chun canadh
Chun eitilt

Eitileoidh mé chomh fada le Réalt Bheithil
Goidfidh mé cuid dá dhraíocht
Fágfaidh mé lorg mo choise ar an ngaineamh
Agus titfidh *stardust* ó mo lámha
Ag beannú dom chlann ag baile
Atá im' chaoineadh.

Réiltín:

Ní raibh aon chlann orm, buíochas mór le Dia. Dá mbeadh mac agam nó iníon ní bheinn ábalta an tsráid seo a scuabadh. Bheadh náire orm. Ach níl aon ní mí-cheart le bheith ag scuabadh mar seo. Tá sé sláintiúil. Agus táim ag cabhrú le Brian Cowen. Ní chosnaím pingin rua air. Mo *phatch* fhéin agam, tá's agat. Guím chuig John anois is arís. N'fheadar cá bhfuil sé anois. An bhfuil sé sna Flaithis? Ní dócha é. Tá sé curtha sa chré in eineacht lem' sheanathair agus is ann a fhanfaidh siad.

Nuair a cailleadh John, níos fhág sé pingin agam. Bhí uacht déanta aige alright. Scríte i bhfoirm dáin, creid é nó ná creid. D'fhág sé pé pinginí a bhí againn leis an ISPCA. Bhí an gomh dearg orm fhéin. Go háirithe ós rud é gurbh é an diabhal uan a mhairbh é!

Pé scéal é, bhailíos uaim go dtí an gcathair agus bhuaileas leis an tSiúr Stan sa *hostel*. Thaispeáin sí seomra deas cluthair dom. Mo neaidín beag fhéin. Agus ní rabhas díomhaoin, scuabas an t-urlár cúpla babhta fé mar atáim ag déanamh anois…ag scuabadh na sainte, an leithleachais, an uabhair agus an fhormaid chun siúil… táim bréan de.

Cé go gcuireann sé an Gorta i gcuimhne dom uaireanta. Scioból. Ag íoc rátaí le lucht na blonaige seachas morgáiste. [TÁ BOSCA "GORTA" AR AN MBORD. CROITHEANN SÍ AN BOSCA AGUS CAITHEANN SÍ AMACH CÚPLA PINGIN AR AN MBORD] Ar a laghad bead ábalta dathú a chur ar mo bhraoinín tae.

Sióg is ea mise, tá's agaibh. Táimse ana-thábhachtach. Bím ag caint os ard san oíche. Ag cumadh dánta! Cé cheapfadh é! Bím ag eitilt ó thigh go tigh, ó scoil go hollscoil …ag craobhscaoileadh an chreidimh! Cé chreidfeadh é! Whoosh…!! Mise….ag eitilt thar na bánta. Síos, síos, síos agus aníos arís go tapaidh, tháim cosúil le seabhac, ag eitilt thar chnoc is cairn, thar mhuir is tír. Tá nead i bhfolach agam ar an mBlaoscaod agus istigh i mo nead coiméadaim Réiltíní Bíogacha.

Allana:

Táim ag eitilt os cionn an
Bhlaoscaoid Mhóir
Síos
Síos síos le fánaidh
Agus suas arís go buaic na spéire
Woo hoo…!!

Seabhac is ea mise
Ar thóir Pheig Sayers
Agus a teanga binne

Agus a cuid scéalta fairsinge álainne.
Cím Tomás ar an bhfarraige
É istigh i naomhóg
Beannaíonn sé dom
Agus mé ag eitilt os a chionn.

Tá na réiltíní bíogacha ag glioscarnach ar an bhfarraige
Iad cosúil le clocha scáil.

Beirim ar cheann lem' ghob
Agus siúd liom i dtreo Pheig
Tá sí ag crochadh péire *bloomers* ar an líne
Ná níl eagla uirthi romhamsa go gcacfainn orthu

No! Ní dhéanfhainn a leithéid!

Casann Peig a ceann im' threo
Agus osclaím mo ghob.
Ligim don réalt titim isteach ina glaic.

Slogann sí go tapaidh é
Agus éalaíonn gáire uaithi
Beannaíonn sí dhom.

Tá sí ullamh anois do strainséir

na fístéipe
Agus é ag breacadh síos agus ag caomhnú
Scéalta Gaelainne gléigeala ársa Pheig.

Ar aghaidh liom ar thóir an Chriomhthanaigh…!!

Réiltín:

Bhí tigh ag Peig agus clann, bia le n-ithe aici, *caviar* ón bhfarraige… cén diabhal cnámhseán a bhí aici. Ní raibh so ná súd i gceart dar léi. Caithfead a adhmháil go bhfuilim in éad léi. Sin í an fhírinne… [SCUABANN SÍ NA PINGINÍ DEN mBORD LE TEANN FEIRGE. TOSNAÍONN SÍ AG GOL]. Níl faic na nGrást sa tsaol seo agamsa, faic na nGrást in ao' chor…

Cuireann an cailín óg Allana, bráillín timpeall ghualainn na seana-mhná. .

Allana:

Níl ach píosa ded' aghaidh dhubh le feiscint
Aghaidh chráite chroíbhriste
Súile troma, dearg ón ngol
Salachar na cathrach…
Ag síor-shéideadh isteach iontu.
Gloiní gréine *Rayband* in easnamh san áit seo.

Do chraiceann scoilte
Do dhá láimh crapaithe
Seo! Tóg na bandaí ornáideacha seo…
Cuir ar do ríonna iad…

Réiltín:

[GO CÚTHAILEACH] Cuireann siad buaracha i gcuimhne dom.

Allana:

Cuir ort iad
Féach táid ar dhath Dhún an Óir…!!

Cuireann Réiltín na bandaí ornáideacha uirthi féin. Gáireann sí. Deineann sí twirl agus luascann sí, ag déanamh rince beag.

Allana:

Bhreá liom tú a thabhairt abhaile liom
Béile breá blasta a chur os do chomhair amach
Do ghruaig a chíoradh duit
Do chraiceann a chlúdach le *Johnson's Baby Oil*
Leaba dheas bhog a chóiriú duit.

Ach tugaim níos mó *Whiskas*
Dom chat in uair a' chloig
Ná mar a fhaigeann tusa le n-ithe
Laistigh de sheachtain.

Braithim ciontach gur mise fé ndear
An chuma atá ortsa inniu

Réiltín:

[AG GOL ARÍS] No no no no noooooooo….

Allana:

Tóg síos do dhá láimh ó d'aghaidh
Ná bí ag gol mar sin
Seo tóg mo bhrat bán agus cuimil na deora ód' ghrua
Táimse ag guí chuig Bríd go dtiocfaidh casadh aigne
Ar Bhrian Cowen agus a chomrádaithe
Ach n'fheadar an bhfuilim… cosúil leis an *ostrich*
Lena cheann sa ghainimh
Agus a thóin le gaoith.

Réiltín:

Bhuel, ag caint liom fhéin atáim i ndáiríre! Táim beagánín cúthaileach, tá's agaibh! B'fhéidir ná cheapfá é ach ní raghainn os comhair éinne, Brian Cowen ach go háirithe, cé go gceapaim go bhfuil sé ag déanamh a dhíchill…. ach ní thabharfhainn *standing ovation* dó. Ní haon Séamus Heaney é!!

Tógann Allana an buidéal champagne, séitear an corc as agus líonann sí dhá ghloine. Tugann sí gloine do Réiltín.

Réiltín agus Allana:

Sláinte mhaith!

Casann Allana an raidió beag ar siúl. Tagann guth Dháithí Uí Sé ar an raidió.

Dáithí: Ná bíodh aon eagla oraibh. Níl ann ach fabht sa chóras. Beidh gach rud i gceart i gceann cúpla soicind.

Féachann Reiltín isteach sa scáthán fada. Tá an Saturday Seó le Ruth Scott ar siúl ar an raidió agus tá píosa Dháithí Uí Shé ar siúl – an jingle "A Focal a Day, A Focal A Day".

Guth Dháithí ar an raidió: *And Ruth, I have another word for you, what do you call a Yummy Mummy* as Gaelainn?

Guth Ruth Scott: *I'm sure you'll tell me*, Dáithí…

Guth Dháithí: *Well, it's* Mamaí Milis…*what do you think of that?!!*

Guth Ruth Scott: *Well, I'm bowled over Dáithí.*

Guth Dháithí: *Well, that's fine but you can't call a Sugar Daddy* Daidí Milis…*can you Ruth..??!!*

Guth Ruth Scott: [GÁIRE] *Dáithí, you're wicked!!*

An jingle "A Focal a Day, A Focal A Day" arís. Múchann Allana an raidió.

Réiltín: Ráiméis! Agus mise ag ceapadh go mbeinn ábalta mo *mhake-up* a chur orm sula dtiocfadh Dáithí thar n-ais. *No rest for the wicked!*

Is breá liom *Clinique*. Tá sé cosúil le síoda ar mo chraiceann. Agus tá an *Mac lip-stick* seo a fuaireas i *BT's* thar a bheith deas. Cad is dóigh leat fén dath bán-dearg? *Chatter-box* is ainm dó*?* Sea, hmmmmm. Is maith liom é.

Tá bosca beag i láimh Allana.

Allana:

Cad a cheapann sibh do seo? Cumhrán Britney...?

Cuimilíonn Réiltín ar a láimh é. Tá sé cosúil le maide smidte agus tá sé niamhrach.

Réiltín:

[AG SCRÉACHAIGH LE BARR ÁTHAIS]

Táim chun é a spáráilt le haghaidh Lá Bealtaine. Sea. Táim ag tabhairt turas ar an nDaingean agus ar Fhéile na Bealtaine... *Back to my roots*... Táim saghas neirbhíseach. Ach…*not to worry*. Beidh tomhaisín agam agus bead go diabhail. *Wicked!*

Glaonn sí in ard a gutha

Champagne James?

Tugann Allana gloine eile champagne do Réiltín

Allana:

Tá coill bheag
Laistiar dár dtighna
Aige baile.
Siúlaim tríd an gcoill agus
Táim sceimhlithe
Glaoim ar Dhaideo!
"Tar i gcabhair orm"
Ach ní chloiseann éinne mé.

Suím síos in aice le crann mór daire
Mé ar crith
Mar a bheadh gadhar as uisce.

Tosnaíonn an bháisteach
Agus cloisim guth mo sheanathar
Istigh im' cheann
"Cur ort do chasóg,
Féach ar na scamaill".

Cím feithid ollmhór
Ag eitilt im' threo
Le liútar léitear.
Seasann an fheithid ar chrann in
aice liom
Deineann sí gáire
Deinimse gáire.

Tinkerbell atá ann
Mo *Fairie* beag
Mo chara draíochta
Anois cím a sciatháin
Déanta den ndrúcht
Agus gúna beag síoda gorm uirthi
Tosnaíonn sí ag caint liom
"Ná bíodh aon eagla ort, a chroí"
Arsa í liomsa
Lean mise agus beir *alright.*

Dheineas amhlaidh
Agus chonac m'athair críonna
I ndiaidh na gcaorach
Ar an dtaobh eile den choill

Réiltín:

Braitheas sábháilte agus mé ag maireachtaint ar an bhfeirm. Bhí cairde agam – ba, caoire, gadhar, *Tinkerbell!*

Ach anso?

Féachann sí mórthimpeall uirthi féin.

Samhailt is ea mise. Samhlaíocht is ea é seo. Cad ab áil liomsa a bheith istigh san áit seo, nuair a chuimhním air. Níl faic ar siúl agam.. ach…ach…ach scuabadh…agus a thuilleadh scuabadh…!! Eisteoidh siad lem' chantaireacht, mo mhuintir atá i gceist agam. *Not a ghost of a chance, I never had.* Is mise an Reacaire Rámhailleach…!! Cé nach bhfuil a fhios san ag éinne fós….an tríu rún ag Fatima….

Casann Allana an raidió ar siúl. Tá Séamas Heaney ag rá dán ar Lyric FM.

Africa

Big eyes
Stare back at me
A skinny body
Flesh hanging loosely

Flies hovering around
A hard slice of bread
In the hand
Even the flies won't touch…

The colourful dress
Catches my eye

But that's not enough

Big deal, I mutter
As I glance behind her
Hundred's of God's People
Sitting on the dry earth

Solemnly sitting
Eyes watching me

Oh, God – what are they thinking

A proud people
Silently sitting
Waiting to die

I feel ashamed…
For being jealous of
Her attire.

Tá bábóg ghorm ag Réiltín ina baclainn. Canann sí…go bog

Réiltín:

Seoithín seó, Seoithín seó…[I GCOGAR] shh…shh Téir a

chodladh, shh, a mhaoineach.

Cuireann sí an bhábóg isteach sa chliabhán atá in aice na leapan. Tá pictiúr le Vincent Van Gogh – Café Arles na Fraince ag crochadh ar an bhfalla.

Réiltín:

Is breá liom *champagne*. James? [I NGUTH ARD-NÓSACH] JAMES…!! *you can't get good staff these days.*

Cloistear guth Dháithí Uí Shé

If you pay peanuts…you get monkeys.

Réiltín:

An gcíonn tú an pictiúr seo, anso, an ceann a phéinteáil Van Gogh? Bhuel…féach ar an dath gorm seo. Tá sé ar dhath na farraige i gComíneol.

Allana:

[I gCOGAR] Gorm, cosúil le súile Dháithí Uí Shé…

Réiltín:

Tá hata *ostrich* ar an bhean ard-nósach san atá ag trasnú na sráide, féach í. D'fhéadfadh sí sin síntiús maith a thabhairt dom…ar son na *Samaritans*, tá's agaibh. Sea…ní haon gháirí é. Táim i ndáiríre. Tugaim síntiúisí do roinnt gníomhaíochtaí carthanacha. Ach is í *Action Aid* an ceann is fearr liom. Faighim litir ó Muthuni gach…ach fan…! [TÁ SÍ CRÁITE] Cá gcuireas litireacha Muthuni…??

Oh…Táim breoite den tsaol seo suite anso ag iarraidh litir a chumadh ag guí chun Dé mé a thógaint amach as an áit dhiamhair seo. Daoine ag teacht agus ag imeacht ag féachaint orm ag stánadh orm mar a dhéanfá le moncaí sa sú…dá gcaithfidís cnóite chugam bhainfhinn greim as a mbundúin…

Ní thuigeann siad tábhacht an raidió, na hamhráin, litreacha Muthuni, mo mhuintir i gCorca Dhuibhne, tusa, a Dháithí Uasail a chuireann meangadh gáire ar m'aghaidh caite, críonna…ag caint fé *Sugar Daddies* agus gigolas agus gliogaireacht agus a leithéidí…!!

Tá Neamh lastiar den phictiúr atá ag crochadh ar an bhfalla, ná cíonn tú é? Pictiúr álainn *Vincent Van Gogh*. Táim chun léimt ar an mbord, mo chos a chuir isteach sa fráma, ansan – an chos eile…
Voilà!

Táim suite i gCafé Terrace i bPáras, ag ól cupán caifé fés na réiltíní sa spéir ghorm an dath gorm is deise ar domhan ag fanacht leat.

Níl aon gá agam den raidió anso. Faighim faoiseamh ins na dathanna. Oráiste, buí…gorm! Gorm cosúil le fuinneoga Harry Clarke

Tá sé fuirist litir a chumadh anso.

Feicim Daidió ag teacht chugam amach as an ndoircheacht, isteach sa tsolas gorm-oráiste a lasann an tsráid. É ar chapall ag teacht im' threo
I ngan fhios d'éinne…

N'fheadar an bhfaca *Van Gogh* é?

Réiltín: James…? James?

Guth Dháithí: Ní James is ainm domhsa in ao'nchor, a bhean uasal.

Réiltín: Ó, alright, a Dháithí, mar mhagadh atháim…!

Guth Dháithí: Sea, a bhean mhaith…

Réiltín: Sea? Sea cad é? Cheapas go

rabhais lastiar den phictiúr álainn seo.

Guth Dháithí: Sea, mhuis.

Reiltín: Sea mhuis? Cén pleidhcíocht atá ort? A thuilleadh champagne a Dháithí, a bhuachaill. Táimid ag ceiliúradh. Cas ar siúl an raidió agus déanfaimid rince.

Guth Dháithí: A óinseach..!! Ná fuileann tú ag ÉISTEACH liomsa ar an raidió…!! Tánn tú glan scuabtha as do mheabhair…!!

Réiltín: Tapaidh a bhuachaill, tapaidh.

Amhrán: Always look on the bright side of life.

Deineann Réiltín rince leis an scuab.

Réiltín: STOP! In ainm Dé, stad. Tá dhá spág mhóra ort, a lapadálaí. Tá mo lúidíní bataráilte agat…bíodh gloine *champagne* agat.

Guth Dháithí: Now your talking.

Deireann an bheirt "Sláinte". Casann Réiltín tharnais i dtreo an lucht féachana agus caochann sé súil orthu.

Guth Dháithí: *The night is but a pup.*

Cloisfimíd gadhar ag sceamhaíl in áit éigin lasmuigh.

Réiltín: Táim críonna caite anois. Féach ar mo chraiceann.
Tá sé cosúil le prúna. Táim seachtó bliain d'aois…agus braithim uaim mo chlann – mo mháthair ach go háirithe.
Cén t-aos a bheadh Mom anois? Céad sa fiche? Nó mar sin… bhíomair ana-cheanúil ar a chéile, mise agus Mom. Maud ab ainm di. Thaithnigh sé go mór léi. Maud… mo ghrá thu…Thugadh sí go Trá Lí mé. Cheannaíodh sí gúna dom. Chuireadh sí *smile* ar mo phus.

Agus cheannaínnse bricfeast di sin.

Bhí sí ana-cheanúil ar *croissants*.

Ní raibh puinn airgid ag aon duine den bheirt againn ach chuirinn ag gáirí í nuair a deirinn léi go mbeinn im' mhillúnaí lá éigin le mo chuid dánta...go mbuafainn an *Nobel Prize* agus go dtabharfainn go Las Vegas í. Bhí ana-dhúil aici ins na *slot machines*!!

Dá gcífeadh sí anois mé anso ar shráideanna Bhaile Átha Cliath...!!

Tá náire orm anois agus mé ar bhóithirín na smaointe...

Ní hamhlaidh go mbeadh Maud bródúil asam agus mé ag maireachtaint i mbosca cairtchláir.

Ach...is amhlaidh go rabhas ag déanamh *alright* go dtí gur cailleadh í. Ní raibh éinne agam chun cabhrú liom, chun comhairle a chur orm, éinne chun labhairt liom, éinne chun gearrán léi... chun cluas le héisteacht a thabhairt dom.

Ní raibh éinne agam...

Bhíos i m'aonar agus táim mar sin fós.

Deirim go minic gur bhreá liom bás a fháil...mé fhéin a chaitheamh isteach sa Life nó ladhar piollaí a thógaint agus mé liom féin istoíche...
Ní thabharfadh éinne fé ndeara go mbeinn imithe...bhuel, m'fhéidir go dtabharfadh an seana-leaid ansan thall aird air...m'fhéidir... tugaim aire dhó...uaireanta...

uaireanta ní bhíonn fonn orm. N'fheadar an cuma leis cad a dheinim dhó... b'fhéidir ná deineann... ach deineann sé maitheas dom fhéin cabhrú leis. Deinim iarracht go mbeadh sé glan ar a laghad. Téimid beirt chuig an *hostel* le chéile, *hostel Rosies*... uair sa tseachtain agus bíonn folcadh againn, mise ar dtúis agus ansan an seana-leaid...ar eagla go gceapfá go rabhamar sa *bhath* le chéile he-he...!!
Éist..! an gcloiseann tú éan ag canadh? Á ní shea...sin é an seana-leaid ag feadaíl...

Tá tallann iontach aige. Is féidir leis aithris a dhéanamh ar aon éan...spideog, préachán, féach thall é...! Ag gáirí leis fhéin! Cad air a bhíonn an fear san ag machnamh? N'fheadar éinne.

Féach é…! Dúrtsa leis go raibh tallann aige…an pleidhce 'madáin…!! He-he…! Taimse ró-chríonna don sórt sin ruda.

Nó b'fhéidir ná fuilim…! Bhreá liom smacker a fháil sa ghab. *[deas socair]* Póg deas milis. B'fhéidir go bhfaighead é an tseachtain seo chugainn tar éis folcadh…! *[caochann súil]* im' baiste ná feadar…!

Bhuel, is féidir leis a bheith ag feadaíl leis inniu. Tá cuma an diabhail air. É salach agus boladh uaidh ná féadfadh muc a sheasamh…! Boladh cac circe. Pé áit a bhí sé ag tochailt. Sa *dump* arís, is dócha.

D'éalaigh leaid óg lena phinsean an tseachtain seo caite. Ní raibh puinn sa *wallet*. Fiche euro agus pictiúr dá bhean chéile agus dá iníon. Níl faic fágtha anois aige. Toil Dé, a deir sé liomsa. Mhuise dhiabhal…!!

Ní ghearánan sé puinn. Goideadh bróg uaidh chomh maith, *so* caitheann sé bróg ar an gcos dheas agus mála plaistic ar an gcos chlé.

Tagann daoine óga chuig mo thigh-se chomh maith…gadaithe… ach táimse-se ró-ghlic dóibh. Ta mo chuid euros i bhfolach agam im' bhloomers. Dá mbeadh a fhios acu, tharraigeoidís díom iad.

Codlaím le súil amháin oscailte.

[Tosnaíonn Réiltín ag casachtach]

Tá an chasachtach so agam le cúpla mí. Tán diabhal air. Fuaireas cúpla *Anadin* ó Rosie agus dúradh liom dul chuig an A&E.

Raghad mhuis!

Agus d'fhéachfaidís im' dhiaidh san ospidéal. Dhéanadh mhuis…! Bheinn níos measa ag fágaint na háite.

No…suífidh mé anso agus sin sin.

Bhréa liom a bheith ar an mbóthar go Trá Lí anois…ag éisteacht le *Radio Kerry*. Maud ag tiomáint.

Bhíodh na sean-hamhráin ar siúl i gcónaí ar an nDomhnach agus chanadh mo mháthair iad focal ar fhocal agus í ag tiomáint.

Éist? Tá sé fhéin ag feadaíl arís. Nach aoibhinn é a chlos.

Cad é sin a Mhaidhc? Londubh, ab ea? Ní deireann sé puinn. Bhí Maidhc sa phríosún ar feadh tamall. Tá sé ann fós ar shlí. N'fheadar an raibh sé ciúin i *Mountjoy*? Ní maith le príosúnaigh fir a éigníonn leanaí.

Is fuath leo iad. Sea, sin scéal Mhaidhc. Bhí cás cúirte sa phaipéar ina thaobh. Ní raibh aon aithne agamsa air an uair úd. Ach ní féidir rud mar sin a cheilt anso. Cuirim an ruaig ar bhuachaillí agus ar chailíní óga a thagann ár dtreo.

Is dóigh leo gur seana-chailleach mise ach nílimse ach ag faire amach dóibh… caitheann siad seilí orm agus glaonn siad ainmeacha orm… bitseach, seana-chailleach et cetera et cetera …
Ní bheadh sé ar mo choinsias agam.

Táimse mar aingeal cuideachta acu. B'fhéidir go dtuigfidís é sin níos fearr agus iad fásta suas.

Daoine fásta…? Ní maith liom iad agus ní maith leo san mise. Tugann siad strac-fhéachaint orm. Cím go maith iad. Táid cosúil le spiairí…

Bhíos ana-bhacach ansan cúpla seachtain ó shoin. Cheap fear amháin go rabhas ar meisce. Bhí málaí a fuaireas ón Vincent de Paul á dtarrac im' dhiaidh agam.

Bhíodar trom…

Chaitheas iad a iompar dhá mhíle go dtí mo thigh…mo bhosca… d'iarr cailín orm an rabhas *ok* – bhí maide croise aici… "conas is féidir leat cabhrú liom?" ní chuireas an cheist ach sin é a shamhlaíos im' aigne. Thugas mála di. Bhíos anabhuíoch di.

Is dócha go bhfuair sí an boladh diamhair a bhí uaim. Ní dúirt sí faic. Thánamar chuig mo bhosca. Bhíomar araon traochta. Bhíos ana-shásta ná raibh tásc ná tuairisc ar Mhaidhc. Dúirt an cailín liom gur thit sí. Níor chreideas í. Allana ab ainm di.
Nuair a d'imigh sí chuas síos ar mo ghlúine agus dúrt paidir – rud nár dheineas le tamall fada. *"There go I but for the Grace of God"*

Ach, is mise a bhí ann…samhailt óm' óige a tháinig i gcabhair orm agus mé ar na cosa deiridh. Bhí Gaelainn bhreá ag an gcailín beag.

Nár bhreá liom gadhar a cheannach di, *rough collie*, gadhar a mbeadh ar a chumas a bheith mar pheata aici. Gadhar mo mhuintir is mé ag fás suas. Cosúil le Rex – cneasta… sibhialta…báúil le daoine fásta, le leanaí, le héanlaithe, le hainmhithe. *Sexy Rexy*…Cosúil le gadhar Naomh Proinsias.

Allana: Táim suite anso
Maidin lá gréine
Ag ithe leitean
Ag féachaint amach an doras gloine
Maidin álainn
Boladh an fhéir a gearradh aréir
Ag teacht isteach an doras chugam
Na bláthanna cosúil le canvas Van Gogh.

Á féach chugam
Mo spideoigín
Eitlíonn sé ón bhfalla cloiche
Go dtí an fhuinneog

Agus as san go babhla Rex.
Cuireann a chosa tanaí
Dhá lasán dóite i gcuimhne dom.

Tá Rex suite ina aice na cairte
Beag beann ar gach éinne
Leisciúil
Cosúil le 'madán
Gáire air ó chluas go cluas.

Is mise Spideoigín Mhuintir Uí
Shúilleabháin
Tá tuiscint idir mé fhéin 'is Rexy.
Is cuimhin liom go maith an lá a
tháinig
An ghráineog agus sup air
Bhí a fhios agam go raibh an t-
ainmhí
Tar éis an geimhreadh a chaitheamh
i bpoll sa bhfalla
Ach níor ligeas faic orm.
Bhí tart air agus tharraing sé fhéin
amach as a leaba
An ghrian ag glioscarnaigh, a

mheall é.

Ní raibh Rex ró-thógtha leis
Scaoil sé leis cúpla babhta
Lig dó a uisce a dh'ól
Bhí eagla ar an ngadhar bocht
Dul in aon ghiorracht don ainmhí
ait so
Ar eagla go raghad sé sáite ann.
Shh…! Chuireas focal i gcluas an
mhadra
Agus d'éist sé liom agus is
annamh dó é sin a dhéanamh
D'éirigh Rex agus d'ardaigh sé a
chos os cionn an babhla
Agus dhein a mhún isteach ina
bhabla fhéin
Nach iontach an rud é an nádúr.

D'eitlíos féin thar n-ais chuig mo
nead
A bhí i bhfolach sa chlaí os cionn
an fhalla
Thar n-ais go dtí mo ghearrcaigh

Ní raibh aon ní ag cur tinnis orthu
san ach piastaí,
A ngobanna beaga bándearga ar
leathadh acu.

Radharc 2 *Óstán an Chonrad. Réiltín gléasta go deas suite ar chathaoir san óstán.*

Táim suite anso in Óstán an Chonrad. Ag ól *latte* dom fhéin. Agus ag scríobh dánta. Tá iontas ort…ná fuil…? Ha ha ha.

Bhuel bhuaileas leis an tSiúir Stan aréir agus dúirt sí go raibh an cailín bacach lán suas d'airgead agus go dteastaigh uaithi *treat* a thabhairt dom…!!

Tá sceitimíní orm…!!

Bhí cithfholcadh agam aréir sular thugas aghaidh ar an gConrad. Óstán chúig réalt im' baist. Níor thóg éinne aon cheann díom nuair a bhuckálas isteach. Fuaireas eochair…!! Cárta… n'fhaca riamh ceann acu cheana. Bhí cithfholcadh eile agam san en-suite. Ha ha ha.

Táim chomh glan le réal. Nach mise an Reiltín Bíogach.

Tá na réiltíní bíogacha suite sa
spéir
Ag caint eatarthu féin
I dtaobh shioscarnach na gealaí
goirme.

Iad ag éisteacht le suantraí na
gealaí
Uair sa naoi n-aird.

Tá an féar ar a bhfuilim suite
Ag sileadh le súile braonacha
Síod-drúcht na sióga
Ach nílim ag gol
Tá amhrán im' chroí

Agus mé ag caitheamh súil siar
Ar laethanta m'óige.

Allana: Rince
Pógadh
Gáire
Scréach
Sceitimíní
Le barr áthais…!

Réiltín: Féachaim i dtreo na bhFlaitheas
Agus tuigtear dom go bhfuilim
Ag stánadh
Ar Bhealach na Bó Finne.

Tagann mo sheanathair chun
cuimhne
Agus an *mantra* a bhíodh aige

Allana: “Is féidir le Dia gach ribe gruaige atá
Ar do cheannín óg a chomhaireamh,
Allana” a deireadh sé.

Réiltín: Cuireann san iontas orm fós.
Bhí Granda maol.

Déanfad iarracht a bheith dílis duit, a Thiarna
Ach beidh deacrachtaí agam…
Maith dhom iad…
Mar n’fheadar cad a thabharfaidh an lá nua leis.

Táim im’ shuí ar thaobh an chnoic

Mo dhá chois trasna ar a chéile
Mé cosúil le Buddha
Fiarshúileach ag an áilleacht
Mé cosúil liom fhéin!

Deirim paidir
Agus suíonn colúr bán ar mo
ghualainn
Pláitín scúite air
Ní chuireann sé iontas orm…

Deinim iarracht
Niamhracht agus iontais na
cruinne
A shú isteach im' scámhóga
Nach iontach an oíche í….!! ☺ ☺

Luíos siar ar mo leaba. Cheapas go rabhas ag luí anuas ar scamall.

Bhí sé chomh bog…chomh compordach. Thit néal codlata orm agus thosnaíos ag taibhreamh.

Fadó, fadó, bhí cailín ann darbh ainm di Allana. Ag maireachtaint ar fheirm. Í i ngrá le mac an cheoltóra, Tadhg. D'fhéadfadh Tadhg agus a athair an veidhlín a chur ag rince. Déarifadh Tadhg leis an gcailín go bhféadfadh sí focail a chur ag rince…

Bhí an bheirt acu geallta agus ní raibh an cailín maith a dóthain do mháthair Thaidg, í siúd lán suas d'éirí in airde. D'imigh Tadhg 'on choláiste, a veidhlín féna ascaill. Leanas ann é ach de réir a chéile ní fhéadfhainn coimeád suas le cairde Thaidhg, leis an staidéar, an *banter,* an t-ólachán, an veidhlín…

Is dócha go raibh an ceart ag a mháthair… chaitheas blianta ag dul ó *job* go *job* go dtí ná féadfainn an *job* féinig a dhéanamh a thuilleadh…

Casann Allana an raidió ar siúl

Guth Dháithí: **Spleodar Diamante**

Tá na réiltíní ag glioscarnach sa spéir dúinn
Ar lasadh duitse amháin
Mo mhaoinín
Mo leannán.

Tá spleodar id' shúile gorma
Is féidir liom mo shaol a fheiscint iontu
Saol na beirte againn as seo amach
Saol spleodarach
Mise - an fear breá garbh – *rough diamond*

A deir tú le gáire
Agus tusa
Mo réiltín luachmhar.

Do shúile gorma chomh doimhin
le hUisce Chomíneol
Léimim isteach iontu
Braithim saoirse
Braithim faoiseamh
Braithim sona sásta…

Tugaim strac-fhéachaint laistiar
díom
Agus cím an Fear Marbh i bhfad
uainn.

Tá an oíche imithe thart.

Táimid istigh i Naomh Óg
Ag iascach
An bád mar a bheadh diamante
gloineadóra
Ar an bhfarraige

Gáirim
Is féidir liom siúl ar an uisce…
Pógaimid…
Agus lasann an spéir le
splancanna agus toirneach.

Tá tine ealaíne ar an gcé dúinn
Is sinne Rí agus Banríon an
domhain.

Allana: Mé fhéin agus Tadhg…suite anso sa Chonrad le chéile…ag ól *latte*…ahhh…

Reiltín: Tá taithí faighte agam ar bheith im' aonar. Buíochas le Dia nach bhfuil boladh uaim. Féach ar mo ghruaig…ná fuil sé go haoibhinn…? Tá *lotions* agus *potions* agus *gels* agus cad é sórt sa tseomra…!! *Molton Brown*... muna miste leat… is breá liom an lobby so…féachann na soilse cosúil le réiltíní.

Agus féach ar an ngloine, tá sé chomh glan le scilling. Nach iontach na hoibritheoirí iad na Polannaigh agus na Laitviaigh…? Shh! Éist! Féach chugam lem' bhricfeast… fear breá…thá sé chomh dubh le gual…yerra nach cuma…!!

Íosfaidh mé gach rud. Agus tabharfad *"doggy-bag"* abhaile chuig Maidhc. Feoil fuar… *croissants…Krispsies…prunes… fry*…pancóga le sirup…im' baiste fhéin…!! Ná fuil an t-ádh dearg liom…

Lá éigin bead sa im' mhillúnaí. Nuair a léifear mo chuid dánta buafaidh mé an *Nobel Prize for Literature*…bead níos fearr as ná Tadhg an cheoltóra – cad déarfaidh a mháthair ansan? Hmmm…

Bead ar mhuin na muice. Bead ag taisteal mórthimpeall na cruinne, ag fanacht in óstáin mór le rá i Nua Eabhrac agus i Londain. Ach go dtí san táim sásta le mo *lot*. Tá mo bholg lán, táim deas te, tá éadaí deasa orm agus ní fheiceann éinne mé. Cad eile a bheadh uaim…?

Allana:

Níl éinne timpeall orm anois
An fhoireann gnóthach
Ag rith anso 'is ansúd
Poles agus Latvians
Iad go léir beag beann ormsa
Rud a thaithníonn liom.

Táim ag féachaint ar mo *latte*
Latte! Huh! Sea!
Ní raibh aon ní mar sin agam
Ag fás suas ar an bhfeirm
Ach bhí uachtar againn
É chomh milis le mil.

Bhí mil againn chomh maith

Bhreá le m'athair na beacha…
Is cuimhin liom uachtar a sciobadh ón *tank*
Agus ladhar de a chuir ar mo *chornflakes*
Sula dtéadh Daid 'on uachtarlainn.

Ní rabhamar *decadent* an uair úd…
Bhí gach rud againn ar an bhfeirm.

Réiltín: Nílim *decadent* inniu
Agus mé suite anso sa Chonrad
Ag ithe pancóg agus siuirip
Tá sé tuillte go deimhin féin…
Agam.

Ní fada anois go mbead tharnais im' bhosca
Ní fada go mbeidh "*doggy-bag*" ag Maidhc.
Ní fada go mbeidh gadhar deas ag

Allana.
Ní athraíonn faic ar deireadh thiar thall

Ach *sure*…nach cuma.

Amhrán: Always look on the bright side of life

Réiltín ag scríobh dán ar phíosa pháipéar agus ag reacaireacht ag an am gcéanna.

An *Sparkler*

Anocht Oíche Nollag agus tá an sneachta
Ag titim go bog ar an dtalamh.

Tá dhá chúpla coiscéimeanna
Ar an dtalamh le chéile go brách.

Iarrann tú orm tú a phósadh
Do dhá shúil ghorma
Ag spréachnaigh fé sholas na gealaí.

Soilsíonn mo cheannaithe
Amhail crann Nollag
Tá an freagra agat cheana féin.
Cuireann tú fáinne diamainte
Ar m'fháinneog…
Go cneasta…

Silim deora áthais agus deirim…
Ag snagadh…
"A leithéid de *sparkler.*"

Is d'ainnir mo bhrionglóidí é
A deirir
Agus ár mbeola a' luí go cneasta
Ar a chéile.

Amhrán: Always look on the bright side of life

BRATA ANUAS

MY BEAUTIFUL GARDEN!!!

When I step into the garden I …

Feel like a beautiful flower in a pot
I see strange but pretty statues!
I hear Isabella speaking…
Come in, come,
So glad to see you!

I smell the beautiful roses
And the other flowers
Just sitting there
Being admired!

When I step into the garden
I am the biggest statue
Wearing a statue dress
And this is what I do!

I am just standing there
Watching people go by quietly!

My beautiful garden!

This poem was written by my niece Emma Murphy, nine years old from Boston, Massachusetts. She was inspired by the inside garden while visiting The Isabella Stewart Gardener Museum in Fenway, Boston.

Scríobh mo neacht Emma Murphy, naoi mbliana d'aois, an dán seo fhaid is a bhí sí ar cuairt chuig an Isabella Stewart Gardener Museum. Is ó Bhostún í Emma, iníon mo dhiorthár. Is dóigh liom gur dán álainn í seo, bail ó Dhia ar an gcailín óg.

Maria Ní Mhurchú

Rugadh Maria Ní Mhurchú ar fheirm i mBaile Iochtarach, 3 mhíle laistiar den Daingean. Tá céim B.A.Onóracha ó Choláiste na hOllscoile Gaillimh bainte amach aici chomh maith le ATO agus CTG. Seo an tríú leabhar ar an bhfód ag Maria. Bhuaigh "Tomás na bPúcaí" duais airgid curtha ar fáil ag Údarás na Gaeltachta, an Comhlachas Náisiúnta Drámaíochta agus Comhairle Chontae Phort Láirge agus foilsithe ag Coiscéim.

I 2008, bhain "Duilleoga Draíochta" leabhar filíochta foilsithe ag An Sagart duais fhilíochta an Oireachtais amach.

Dhein An Dingle Bookshop dánta a choimisiniú le haghaidh cártaí na Nollag 2008 agus d'fhoilsigh Gael-linn an dán Oíche Chiúin i Staighre, Caibidil 2 le haghaidh an ardleibhéil. Tá 8 dán coimisiúnaithe ag Séidean Sí [An Gúm] le haghaidh Curriculum na Gaelscoileanna, Rang a Ceathair – Rang a Sé agus tá Púca Press tar éis dán dhá-theangach a choimisiúnú do leabhar atá á fhoilsiú Nollaig 2009.

Tá a dánta foilsithe i Mil na Ceardlainne [2008] , An Sagart [2005-08] , Idir Chuan agus Chruach, Irisleabhar Maigh Nuad.